AF260611

Der Genesis-Code

Der uralte Weg zur inneren Freiheit enthüllt

Verwandte Bücher von Richard L. Haight

Die Krieger-Meditation
Unerschütterliches Bewusstsein

Der Genesis-Code

Der uralte Weg zur inneren Freiheit enthüllt

Richard L. Haight

Shinkaikan Body, Mind, Spirit LLC

www.richardlhaight.com

Urheberrecht © 2022 von Richard L. Haight

Alle Rechte vorbehalten. Kein Teil dieser Publikation darf ohne vorherige schriftliche Genehmigung des Herausgebers in irgendeiner Form oder mit irgendwelchen Mitteln, einschließlich Fotokopien, Aufzeichnungen oder anderen elektronischen oder mechanischen Methoden, vervielfältigt, verbreitet oder übertragen werden, mit Ausnahme von kurzen Zitaten, die in kritischen Rezensionen enthalten sind, und bestimmten anderen nicht kommerziellen Verwendungen, die durch das Urheberrecht erlaubt sind.

ISBN: 978-1-956889-08-6

Haftungsausschluss:

1. Einige Namen und identifizierende Details wurden geändert, um die Privatsphäre der Personen zu schützen.

2. Dieses Buch ist nicht als Ersatz für den medizinischen oder psychologischen Rat von Ärzten oder Psychologen gedacht. Der Leser sollte regelmäßig einen Arzt konsultieren, wenn es um seine körperliche oder geistige/seelische Gesundheit geht, insbesondere bei Symptomen, die eine Diagnose oder ärztliche Behandlung erfordern könnten.

Veröffentlicht von Shinkaikan Body, Mind, Spirit LLC

www.richardlhaight.com

Inhalt

Einführung

In diesem Buch werden wir, wie der Titel schon andeutet, eine geheime Lehre untersuchen, die im alten Buch Genesis zu finden ist. Um ein genaues Verständnis zu erlangen, dürfen wir nicht davon ausgehen, dass die Menschen in der Antike offen gelehrt haben, wie wir es heute tun. Moderne Menschen, die alte Schriften lesen, könnten annehmen, dass die in diesen Texten dargestellten offenen Lehren das widerspiegeln, was die ursprünglichen Autoren tatsächlich gelehrt und geschätzt haben. Diese Annahme ist vermutlich aus einer Reihe von Gründen falsch. Wir haben das Glück, in den kanonischen Berichten über Jesus einen seltenen Einblick in die Diskrepanz zwischen den wahren Lehren und dem, was öffentlich gezeigt wird, zu erhalten.

Wusstest du, dass die wahren Lehren Jesu geheim waren und dass das, was uns in der Heiligen Bibel gelehrt wird, möglicherweise nicht deren Kernlehre enthält? Zitate, die Jesus aus den Büchern Matthäus, Markus und Lukas zugeschrieben werden, besagen eindeutig, dass Jesus seine wahre Lehre allen außer seinen Jüngern vorenthielt. Die Aussage findet sich in allen drei, synoptischen Evangelien, was ihr viel mehr Gewicht verleiht. Da alle drei Berichte Jesus gegenüber den Massen unsympathisch erscheinen lassen, eine Darstellung, die die frühen Christen wahrscheinlich nicht verbreitet wissen wollten, ist die Aussage vermutlich wahr.

In Matthäus 13:10-13 wird Jesus wie folgt zitiert:

> 10 Die Jünger traten zu ihm und fragten ihn: „Warum redest du in Gleichnissen zu den Menschen?" 11 Er antwortete: „Weil euch die Erkenntnis der Geheimnisse des Himmelreichs gegeben worden ist, ihnen aber nicht. 12 Wer etwas hat, dem wird noch mehr gegeben werden, und er wird es in Fülle haben. Wer aber nichts hat, dem wird auch das genommen werden, was er hat. 13 Darum rede ich in Gleichnissen zu ihnen: „Obwohl sie sehen, sehen sie nicht; obwohl sie hören, hören sie nicht und verstehen nicht."

Markus 4:10-11 enthält fast genau denselben Bericht:

> 10 Als er allein war, fragten ihn die Zwölf und die anderen um ihn herum nach den Gleichnissen. 11 Er sagte ihnen: „Das Geheimnis des Reiches Gottes ist euch gegeben worden. Denen aber, die draußen sind, wird alles in Gleichnissen gesagt, 12 damit sie immer sehen, aber nicht wahrnehmen, und immer hören, aber nicht verstehen;

sonst könnten sie umkehren und es würde ihnen vergeben!"

Lukas 8:9-10

> 9 Seine Jünger fragten ihn, was dieses Gleichnis bedeute. 10 Er sagte: „Das Wissen um die Geheimnisse des Reiches Gottes wurde euch gegeben, zu den anderen aber rede ich in Gleichnissen, damit sie nicht sehen, obwohl sie sehen, und nicht verstehen, obwohl sie hören."

Dass Jesus die wahren Lehren geheim hielt, sollte nicht überraschen, denn die Evangelien zeigen uns deutlich, dass dies der Fall war. Viele, alte Traditionsträger arbeiten hart daran, ihr Wissen zu schützen. Was sie der Öffentlichkeit offenbaren, ist oft weit von dem entfernt, was sie im Geheimen praktizieren.

Ich bin zufälligerweise Träger mehrerer alter Samurai-Künste. Man kann jahrelang trainieren, um die höheren Stufen zu erreichen und denkt, dass man weiß, worum es in der Praxis geht, nur um zu entdecken, dass wichtige Geheimnisse, die die wahre Kraft des Systems freisetzen, für Außenstehende und fortgeschrittene Schüler gleichermaßen verborgen bleiben. Selbst unter den Schülern der höchsten Stufe erlangen die meisten nie Zugang zu diesen Geheimnissen und üben weiter, ohne zu wissen, welche "Edelsteine" oder welches Wissen im System verborgen ist.

Man könnte sich fragen, warum die Menschen ihre Kunst oder ihr Wissen auf diese Weise verstecken. Im Falle der Künste, die ich geerbt habe, galt es als historisch, als lebenswichtig, das Wissen vor dem Feind zu verbergen, der es bei Erlangung gegen den eigenen Clan verwenden könnte. Normalerweise wurden die tiefsten Geheimnisse nur einer Handvoll Menschen beigebracht, in der Regel engen Verwandten des Meisters. Viele alte Samurai-Künste sind aufgrund dieser Art von Geheimhaltung verloren gegangen oder verwässert worden.

Stell dir vor, du gibst deine Kunst nur an einige wenige, vertrauenswürdige Personen weiter, die dann sterben oder es aus anderen Gründen nicht schaffen, sie weiterzugeben. In Ermangelung vollständig ausgebildeter Nachfolger übernehmen die verbleibenden Schüler das System und lehren es, ohne zu wissen, dass ihnen wichtiges Wissen fehlt. Die Kunst wird dem Namen nach weitergeführt, ohne ihren wahren Wert zu besitzen.

Die Frage ist, woran man erkennt, dass man diese Geheimnisse wirklich aufgedeckt und verinnerlicht hat. Im Falle der Systeme, die ich erhalten habe, weiß man das, weil man mühelos alles tun kann, was der Lehrer beherrscht, und man sofort neue Methoden entwickeln kann. Man ist kämpferisch frei, und dadurch verändert sich die gesamte Kunst – das ist der verblüffende Unterschied.

Glücklicherweise sind die unglaublichen Fähigkeiten der Meister in den Künsten, die ich studiere, gut dokumentiert, sodass es leicht zu überprüfen ist, ob man die inneren Lehren anhand seiner Fähigkeiten verkörpert hat. Wenn man diese Ebene der Verkörperung erreicht hat, erklärt der Lehrer, zumindest in meinem Fall, warum diese Dinge geheim gehalten werden und man erhält die Lizenz zur vollen Meisterschaft.

Denke an die alten Juden, die ein Jahrhundert lang in Ägypten versklavt waren und danach überall, wohin sie auch gingen, unerbittlich verfolgt wurden. Wie sorgfältig würden wohl sie ihre größten Geheimnisse schützen? Vielleicht ist das, was wir über das Judentum wissen, nur die oberflächliche Lehre.

Was wäre, wenn die am strengsten gehüteten Geheimnisse des Judentums und des Christentums vor Tausenden von Jahren verloren gegangen wären? Woher würden wir es wissen? Gar nicht, doch es scheint, dass ich genau diese Art von Geheimnis in der Genesis, dem ersten Buch der Heiligen Bibel, gefunden habe. Ich glaube, dass es die verlorene "Wahrheit, die dich frei macht" sein könnte.

Das ist eine gewagte Aussage, ich weiß. Mit einer solchen Aussage hat dieses Buch eine Menge zu tun, schließlich war dies das Versprechen Jesu vor etwa 2000 Jahren, als er sagte: „Erkenne die Wahrheit und die Wahrheit wird dich frei machen."

Genauer gesagt ist es nicht nur der Zustand, die Wahrheit zu kennen, sondern die richtige Anwendung dieses Wissens, die uns frei macht. Und wer würde nicht gerne frei sein? Die Antwort hängt von der Art der Freiheit ab, die wir meinen und vom Preis dieser Befreiung.

Die Freiheit, von der wir hier sprechen, erfordert Engagement und Verantwortung, um sie zu verwirklichen und zu erhalten. Viele Menschen wollen das notwendige Engagement oder die erforderliche Verantwortung nicht auf sich nehmen und das ist sehr verständlich. Schließlich ist das moderne Leben so hektisch und geschäftig. Warum sollten wir uns einer neuen Herausforderung stellen, wenn wir ohnehin zeitlich schon so eingespannt sind?

Da Zeit etwas ist, das wir nie wieder zurückbekommen können, solltest du zunächst sicherstellen, dass dieses Buch mit deinen Zielen übereinstimmt. Bitte denke dafür beim Lesen der nächsten Abschnitte an folgende Fragen:

- Von welcher Art von "Freiheit" ist in dem Buch die Rede?
- Wünschst du dir diese Art der Befreiung?
- Bist du bereit, dich der Herausforderung zu stellen, deine wahre Natur zu erkennen?

Lass uns zunächst die Bedeutung von Befreiung, wie ich sie hier verwende, betrachten. Ich meine nicht die Freiheit von physischem Tod, Krankheit, Schmerz, Unglück oder schlechter Behandlung, denn wie die Geschichte zeigt, passieren diese Erfahrungen ausnahmslos jedem. Vielmehr beziehe ich mich auf die Freiheit psychologischer und geistiger Natur.

Mit "Freiheit" meine ich die Freiheit von zwanghafter Selbstversunkenheit. Freiheit von Arroganz, Vorurteilen und Verurteilung. Freiheit von den scheinbar endlosen Kreisläufen von Scham- und Schuldgefühlen. Freiheit von nicht hilfreichen Gedanken und Überzeugungen und den Qualen der Angst und emotionalen Depression, dem Bedauern über die Vergangenheit und der Angst vor der Zukunft. Letztlich meine ich die Freiheit von dem, was unseren Verstand und unsere Gefühle in die Irre führt.

Die im Buch Genesis verborgene Wahrheit ist in Wirklichkeit ein Leitprinzip, das an der Wurzel der menschlichen Wahrnehmung liegt. Wenn du beginnst, dein Leben auf der Grundlage dieses Prinzips zu betrachten und zu korrigieren, ist es normal, einen gewissen inneren Widerstand zu spüren, als ob sich etwas in dir bedroht fühlt.

Es kann sein, dass du ohne ersichtlichen Grund Momente der inneren Angst erlebst. Gib dir etwas Zeit und du wirst sehen, dass sie vorübergehen. Es kann sein, dass du bis zu einem späten

Zeitpunkt wenig oder gar keine Angst verspürst. Das ist in Ordnung. Dennoch wird fast jeder einen gewissen psychologischen Widerstand gegen den Prozess verspüren, da Aspekte unserer Identität, die uns nicht mehr dienlich sind, sich aber immer noch nach uns anfühlen, abfallen.

Was den Widerstand betrifft, so ist es am besten, ihn als natürlichen Teil des Prozesses zu akzeptieren, ohne zu versuchen, ihm zu entkommen oder ihn zu vermeiden. Der Widerstand, den du erleben könntest, ist unbewusst, fast instinktiv und daher nicht deine Schuld, sodass es keinen wirklichen Grund gibt, sich darüber Sorgen zu machen.

Die erfolgreiche Anwendung des *Prinzips* erfordert das Loslassen von innerem Ballast. Wir könnten *das Prinzip* metaphorisch als ein Altarfeuer betrachten, das die Falschheit in uns verbrennt und nur das übrig lässt, was nicht verbrennen kann – unser wahres Ich.

Durch den Verbrennungsprozess wirst du wahrscheinlich Momente der Katharsis erleben. Und von diesen Befreiungen inspiriert, leitet und klärt das, was nicht verbrennen kann, dein Leben. Durch den Verbrennungsprozess wird dein Leben auf eine Art und Weise ausgeglichen und lebendig, die du dir beim Lesen dieses Textes vielleicht nur schwer vorstellen kannst. Praktisch gesprochen wirst du immer freier von der mentalen und emotionalen Last, die dich von deinem authentischen Leben abgehalten hat.

Das Prinzip, das diesem Text zugrunde liegt, ist weder ideologischer, philosophischer oder religiöser Natur, noch ist es ein Schema des "positiven Denkens". Vielmehr ist das, was aus diesem Prozess hervorgeht, grundlegender für die Natur des Seins als solche vom Verstand erdachten Strategien. In der Tat wirkt *das*

Prinzip dabei, um nicht hilfreiche mentale Strategien, von denen viele in die Kategorien Ideologie, Philosophie und Glauben fallen, rückgängig zu machen.

Wenn du diese neu entdeckte Wahrheit erfolgreich auf dein Leben anwendest, bedeutet das nicht, dass das Leben einfach sein wird. Egal, was du tust, das Leben wird eine Herausforderung sein. Die Frage ist, ob du dich den Herausforderungen mit offenen Augen und offenem Herzen stellen willst. Wenn du diese Fähigkeit, diese Art von Freiheit willst, dann ist *Der Genesis-Code* wahrscheinlich genau richtig für dich.

Du solltest wissen, dass *das Prinzip* keine religiöse Überzeugung voraussetzt, d. h. es funktioniert auch, wenn du nicht an Gott glaubst. Das *Prinzip* diskriminiert nicht nach Kultur, ethnischer Zugehörigkeit, Hautfarbe, Klasse oder Status in der Welt. Es funktioniert genauso, wie du es anwendest – nicht mehr und nicht weniger.

Das Prinzip befindet sich auf der Ebene der Wahrnehmungseinheit, auf der wir alle gleich sind. Um zu dieser Ebene der Einheit zu gelangen, müssen wir Glaubenssätze aufweichen, die uns daran hindern, diese Wahrnehmungsebene vollständig zu erreichen. Bist du bereit, deine Überzeugungen zu hinterfragen und aufzuweichen, insbesondere die einfachen? Es wird nicht funktionieren, wenn du dich weigerst, wenigstens so viel aufzugeben.

Wenn du die verborgene Wahrheit der Genesis vollständig anwendest, wird sie die Art und Weise, wie du dich selbst und das Leben siehst, revolutionieren, indem sie innere Spaltungen und nicht hilfreiche Motivationen auflöst, die alle Arten von Disharmonie verursachen. Das Ergebnis einer solchen Auflösung ist ein verkörpertes Gefühl der Einheit mit dem Leben, Klarheit und Leichtigkeit des Herzens. Wie viel Einheit, Klarheit und Leichtigkeit du spürst, hängt davon ab, wie tief du dich öffnest und wie gründlich du *das Prinzip* in deinem täglichen Leben anwendest.

Ich bin kein Pfarrer, Pastor, Mönch oder Priester. Ich habe nie ein Priesterseminar besucht und habe auch nicht die Absicht, dies zu tun. Tatsächlich habe ich seit mehr als 25 Jahren keine religiöse Veranstaltung mehr besucht. Wie ich bereits sagte, bin ich kein Anhänger einer Religion. Stattdessen bin ich ein lebenslanger Praktiker der Künste des Körperbewusstseins – Kampfsport, Meditation und Therapie.

Das bringt uns zu der Frage, wie ich den Code entdeckt habe. Seit meiner Kindheit habe ich regelmäßig mystische Erfahrungen gemacht, die mir etwas über die Natur der Existenz, des Geistes und des Bewusstseins verrieten. Das, was ich erhalten habe, mit der Welt zu teilen, ist eine absolute Freude. Je mehr ich teile, desto mehr wird enthüllt.

Ich überlasse es dir zu entscheiden, ob das, was ich hier erzähle, für dein Leben einen Wert hat. Für mich ist der Wert des *Prinzips* direkt proportional dazu, wie seine Anwendung die Qualität meiner täglichen Erfahrung verbessert. Du könntest bei deiner Bewertung dieses Buches und des darin vermittelten *Prinzips* denselben Maßstab anlegen.

Nachdem ich so viel darüber gesagt habe, was *Der Genesis-Code* ist, möchte ich nun sagen, was es nicht ist. Obwohl dieses Buch einschlägige Berichte über Offenbarungserfahrungen enthält, sind es keine Memoiren. *Der Genesis-Code entspringt* nicht dem New-Age-Denken, dem Gnostizismus, der Kabbala, dem Hinduismus, dem Buddhismus, dem Taoismus oder irgendeinem anderen

Ismus. Einfach ausgedrückt, enthüllt dieses Buch ein grundlegendes *Prinzip*, das im Buch Genesis zu finden ist – Punkt.

Um es noch einmal zu sagen: Wenn du die Qualität deines Lebens grundlegend verbessern willst, indem du die inneren Muster und Abgrenzungen loslässt, die dir nicht mehr dienlich sind, dann ist *Der Genesis-Code* genau das Richtige für dich.

Der Code war schon immer in Genesis enthalten und hat nur auf uns gewartet. Ich selbst konnte ihn nicht sehen, bis er mir gezeigt wurde. Wenn du Hilfe bei der Entschlüsselung der Genesis brauchst, so wie auch ich es nötig hatte, dann kann dir dieses Buch helfen.

Werkzeuge für den Erfolg

Denkweise

Wie Jesus so oft gewarnt hat: „Denen, die Augen haben, um zu sehen, und Ohren, um zu hören, wird noch mehr gegeben werden; und denen, die nichts haben, wird noch mehr weggenommen werden." Wenn du die Lehren verstehst und sie auf dein Leben anwendest, wirst du noch mehr Nutzen daraus ziehen können und sie noch tiefer verstehen. Aber wenn du die Lehren falsch verstehst, wird deine Verwirrung als Folge der Lehren noch größer sein. Wir sind gut beraten, vorsichtig vorzugehen. Dieses Buch tut alles, was möglich ist, um deine Augen auf das Sehen vorzubereiten. Wenn du *das Prinzip* mit völliger Ehrlichkeit bis in die Tiefe deiner Seele praktizierst, wird der Nutzen dich in Erstaunen versetzen!

Die Augen zu haben, um zu sehen und die Ohren, um zu hören, bedeutet vor allem, ein ehrliches, offenes Herz zu haben und die Fähigkeit, vorgefasste Meinungen beiseitezulassen, die das Verständnis verzerren, vernebeln oder völlig blockieren können. Um den größten Nutzen aus dem *Genesis-Code* zu ziehen, solltest du dich daher darauf vorbereiten, stark verbreitete Überzeugungen beiseitezulassen, zumindest während des Lesens, und dich auf die Ehrlichkeit zu konzentrieren. Um die Bedeutung hinter dem Code zu erkennen, muss man keinen riesigen Glaubenssprung machen, aber es wird helfen, den Lehren gegenüber völlig offen zu sein. Du kannst sie später immer noch ablehnen, wenn du dies wünschst.

Die transparente englische Bibel

Da dieses Buch der Aufdeckung der wesentlichen Lehren der Genesis gewidmet ist, war es unerlässlich, eine möglichst reflektierte, englische Übersetzung des hebräischen Originaltextes zu finden. Zu meiner Überraschung musste ich feststellen, dass die verschiedenen gängigen Übersetzungen nicht die Präzision, Subtilität und Tiefe des hebräischen Originals aufweisen. Diese Übersetzungen neigen dazu, scheinbar unwesentliche Informationen zu beschönigen, die, wie sich herausstellte, für die richtige Vermittlung des Codes hilfreich sind.

Obwohl der Code, so wie ich ihn verstanden habe, auch mit modernen englischen Bibelübersetzungen sehr gut übereinstimmt, können bestimmte, angenommene Bedeutungen, Ungenauigkeiten und Unstimmigkeiten in diesen Übersetzungen den Leser in die Irre führen. Um den Code wirklich zu überprüfen, wollte ich unbedingt eine Übersetzung finden, die das hebräische Original genauer wiedergibt.

Zu meinem Erstaunen kam nur wenige Monate, nachdem ich den Code entdeckt hatte, eine neue Übersetzung heraus. Ich war mir dieses großen Glücks nicht bewusst, bis eine Meditationsschülerin von mir, Linda LaTores, die von meiner Suche wusste, mir ein Exemplar von *The Book of Genesis: A New Translation from the Transparent English Bible* von James D. Tabor schickte. Als ich Genesis 1 aufschlug und zu lesen begann, kam mir die Inspiration. Dies war die Übersetzung, nach der ich gesucht hatte!

Da ich den Text nicht verzerren wollte, um ihn an vorgefasste Meinungen anzupassen, hielt ich es für das Beste, alle Kapitel, die sich auf den *Genesis-Code* beziehen, genauso aufzunehmen, wie Professor Tabor sie übersetzt hat. Strenge Urheberrechtsgesetze verhindern natürlich diese Möglichkeit, es sei denn, es liegt eine Genehmigung von dem Autor vor. Ich wandte mich an Dr. Tabor und bat um die vollständige Nutzung dieser Kapitel. Ich war überrascht, als ich eine freundliche Antwort von ihm erhielt, in der er mir nicht nur die Rechte am vollständigen Text, sondern auch an den Anmerkungen zum Text gewährte.

Die Übersetzung von Dr. Tabor ist sehr detailliert und enthält ein innovatives System von Anmerkungen, hochgestellter Schrift, Großbuchstaben, Fettdruck, Kursivschrift und Abständen, um zusätzliche Informationen zu vermitteln. Wenn du ab Teil 2 zum übersetzten Text kommst, dann lies bitte das Tabor-Übersetzungs-Leserhandbuch am Ende dieses Abschnitts, um die Übersetzung so zu verstehen, wie sie gemeint ist. Ich hoffe, dass meine Erwartungen übertroffen werden und mit dem Segen von Dr. Tabor habe ich seine Übersetzung hier aufgenommen.

Viele Passagen werden sich im gesamten Buch wiederholen. Um Unübersichtlichkeit zu vermeiden, werde ich die Anmerkungen, die nicht unmittelbar mit dem Thema zu tun haben, entfernen. Die vollständigen Anmerkungen findest du am Ende des Buches. Sie werden feststellen, dass die Die Nummerierung der Anmerkungen in meinem Kommentar ist nicht in numerischer Reihenfolge. Ziel ist es, die Anmerkungen in meinem Kommentar mit den Anmerkungen am Ende des Buches von Dr. Tabor abzugleichen. In der Übersetzung gibt es auch große Abstände, die dem Leser signalisieren sollen, dass er innehalten und nachdenken soll. Ich habe sie aus dem eingefügten Text in meinen Kapiteln entfernt, aber du kannst sie in der vollständigen Übersetzung am Ende des Buches finden.

Da sich der Inhalt des Kodex in erster Linie auf nur drei Kapitel konzentriert, empfehle ich jedem, der sich für das gesamte Buch Genesis interessiert, den Kauf von Dr. Tabors Buch mit den anderen 47 Kapiteln. Seine quellengetreue Übersetzung enthält die fesselndste, englische Darstellung des Buches Genesis, die es bisher gibt. Ich kann es nicht genug empfehlen!

The Book of Genesis, von James D. Tabor, Amazon Link für Print oder Kindle:
https://www.amazon.com/dp/B08GGB8X84

Das Tabor-Übersetzung Leserhandbuch

Diese spezielle, kursive Schrift kennzeichnet Wörter, die nicht im Hebräischen vorkommen, aber für einen flüssigeren, deutschen Stil verwendet werden.

Namen oder Begriffe für Gott wie ELOHIM, YHVH oder ADONAI werden in GROSSBUCHSTABEN geschrieben.

Kapitel 3:14 Und YHVH ELOHIM sagte zu dem Nachash: "Weil du das getan hast, bist du verflucht über jedes Tier und über alles, was auf dem Feld lebt; auf deinem Bauch wirst du gehen und Staub essen, solange du lebst[a].

15 Und Hass werde ich zwischen dich und die Frau setzen und zwischen deinen Samen und ihren Samen;[1] er wird dich[2] auf den Kopf schlagen, und du wirst ihn auf die Ferse schlagen."

16 Zu der Frau sprach er: "Ich will deine Bedrängnis[3] und deine Schwangerschaft zu vielen machen; in der Bedrängnis wirst du Söhne gebären, und nach deinem Mann[4] wird dein Verlangen sein, und er wird mit[5] dir herrschen."

17 Und zu Adam[6] sagte er: "Weil du der Stimme[7] deiner Frau gehorcht hast und von dem Baum gegessen hast, von dem ich dir gebot: "Du sollst nicht davon essen", ist der Boden deinetwegen verflucht. In der Not[8] wirst du von ihm essen, solange du lebst; **18** und Dornen und Disteln wird er für dich sprießen lassen, und du wirst die Pflanzen des Feldes essen. **19** Im Schweiße deines Angesichts wirst du Brot essen, bis du zum Erdboden zurückkehrst, denn von ihm bist du genommen; denn Staub bist du, und zum Staub wirst du zurückkehren."

Erläuternde Fußnoten stehen unten auf der Seite und sind durch eine hochgestellte Zahl[2] gekennzeichnet.

Fett und kursiv gedruckte Wörter weisen auf eine besondere Betonung im Hebräischen hin.

Maskulin[m], Feminin[f], Singular[s], Plural[p] und der definierte[d] Artikel sind durch diese kleinen, hochgestellten Buchstaben gekennzeichnet

Die besonderen, weißen "Freiräume" kennzeichnen in den hebräischen Originalmanuskripten eine Gedankenpause oder eine Hervorhebung eines Textabschnitts.

1 Oder "Nachkommenschaft", Heb zar'ah kann sich auf die weibliche Fortpflanzung beziehen (Gen 16:10; Lev 12:2).
2 Oder "zerschmettern".
3 Oder "Kummer", dasselbe Wort wie in V. 17b.
4 Heb 'ish.
5 D.h., in Bezug auf.
6 Heb 'adam, Bodenmensch, ohne Artikel, wahrscheinlich hier der Eigenname.
7 Lit "gehört zu".
8 Oder "Kummer", gleiches Wort wie in V. 16.

Online-Ressourcen

Wenn ich mich mit verwandtem Material befasse, das an anderer Stelle in der Bibel zu finden ist, schließe ich Zitate aus der Neuen Internationalen Version (NIV) ein, da diese auf den Listen der beliebtesten und genauesten modernen Bibelübersetzungen stets ganz oben rangiert. Wenn du kein physisches Exemplar der NIV besitzt, empfehle ich dir, Biblegateway.com oder Biblehub.com zu benutzen, um die Passagen aus der NIV zu überprüfen.

Wenn du diese Webseiten benutzt, kannst du die Nummer des Buches, des Kapitels und des Verses so eingeben, wie ich sie formatiert habe und die Webseite führt dich sofort zum entsprechenden Text. Einfacher geht's nicht!

Wenn du ein ganzes Kapitel lesen möchtest, um den Kontext von bestimmten Bibelzitaten zu ergründen, entferne einfach die Zahlen nach dem Doppelpunkt. Wenn ich zum Beispiel Matthäus 5:14-16 anführe und du nicht nur diese Verse, sondern das ganze Kapitel lesen möchtest, dann gib einfach Matthäus 5 in das Suchfeld auf BibleGateway.com oder Biblehub.com ein.

Du wirst feststellen, dass es im Text auf Biblegateway.com und Biblehub.com eingeklammerte, farbige Links gibt, die ich nicht in mein Buch aufgenommen habe. Ich habe diese hauptsächlich aus ästhetischen Gründen entfernt. Diese Links führen dich zu den Anmerkungen am unteren Ende der Seite von BibleGateway und/oder BibleHub, wo du alternative Wortübersetzungen sehen kannst. Sofern diese alternativen Wörter den Code nicht genauer wiedergeben als die Wortwahl des Übersetzers, nehme ich sie im Allgemeinen nicht in den Text auf. Ich empfehle dir, auf jeden dieser Hinweise zu klicken, um die Alternativen zu sehen.

Teil 1

Mystische Offenbarungen

Das transformative *Prinzip* der Genesis ist seit Tausenden von Jahren im Verborgenen zu finden. Ich habe die Genesis immer wieder gelesen und es jedes Mal übersehen. Schließlich habe ich es erkannt, aber fairerweise muss ich sagen, dass mir der Fund nicht selbst zuzuschreiben ist. Aus Gründen, die ich nicht begreifen kann, kam der Code durch eine lebenslange Reihe von Träumen und mystischen Erfahrungen zu mir.

Obwohl mich eine Anhäufung solcher Erfahrungen, die sich über vier Jahrzehnte erstreckt, auf die Offenbarung des Codes vorbereitet hat, bieten in erster Linie nur eine Handvoll dieser Erfahrungen die wesentliche Grundlage, die erforderlich ist, um den verborgenen Code in der Genesis zu erkennen. Teil 1 teilt diese prägenden Erfahrungen, um dir zu helfen, den richtigen Blick zu entwickeln, um den Code selbst zu sehen.

Kapitel 1 beschreibt die erste mystische Erfahrung, einen Traum von Jesus, der die Richtung und den Schwung meines Lebens vorgab, der schließlich die Offenbarung des Codes ermöglichte.

Kapitel 2 befasst sich mit einer direkten Erfahrung der vereinigenden Kraft, die viele Menschen als Gott bezeichnen würden. Diese Erfahrung vermittelt die grundlegende Denkweise, die erforderlich ist, um den Code wahrzunehmen und *das Prinzip* anzuwenden, das der Code offenbart.

Kapitel 3 erforscht die Geometrie des vereinten Bewusstseins. Diese Geometrie wird es deinem Geist ermöglichen, *das Prinzip* der Genesis besser zu erkennen und zu verkörpern.

In Kapitel 4 teile ich dir mit, wie mir der Code gezeigt wurde. Dieses Kapitel wird dir helfen, dich von ungünstigen Überzeugungen und Vorurteilen zu befreien. Denn wenn du ihnen erlaubst, unkontrolliert fortzubestehen, können diese Kräfte dich daran hindern, die volle Tragweite des Codes und *des Prinzips*, das er vermittelt, zu erkennen.

Wie ich bereits sagte, ist Teil 1 der Entwicklung der Augen gewidmet, die sehen können, was bedeutet, das richtige Grundverständnis zu entwickeln. Die Entwicklung eines grundlegenden Verständnisses wird dir nicht nur helfen, den Code zu erkennen, sondern auch, das Prinzip, auf das er hinweist, in deinem täglichen Leben zu verkörpern. Ohne Verkörperung ist der Code nur ein weiteres, triviales, geistiges Durcheinander, über das man nachdenken muss. Zumindest für mich ist die Verkörperung unvergleichlich lohnender!

Kapitel 1

Erster Kontakt

Meine erste mystische Erfahrung hatte ich, als ich etwa acht Jahre alt war. Sie kam zu mir nach einem gescheiterten Versuch, meine Eltern zum Christentum zu bekehren.

Ein älterer Junge informierte die anderen Kinder der Nachbarschaft darüber, dass seine Mutter Mittwoch abends Bibelstunden abhielt. Wir wurden gewarnt, dass wir besser daran teilnehmen sollten, sonst kämen wir mit Sicherheit in die Hölle. Wir gingen hin.

Nach und nach, über Monate hinweg, indoktrinierte uns der Lehrer zu glauben, wir seien Hirten des Herrn. Man sagte uns, Jesus wolle, dass wir unsere Eltern zum Christentum bekehren, um sie vor dem ewigen Höllenfeuer zu bewahren. Da ich dem Lehrer voll und ganz glaubte, war ich entschlossen, meine Eltern zu bekehren.

Als ich an diesem Abend nach Hause kam, fragte ich meine Eltern, ob wir über Religion sprechen könnten und zu meiner Überraschung stimmten sie zu. Wir trafen uns nach dem Abendessen im Esszimmer, um zu diskutieren. Da mein Vater viel mehr über Religion wusste als meine Mutter, fand die Diskussion hauptsächlich zwischen uns beiden statt.

Er eröffnete das Gespräch mit der Frage, ob ich glaube, dass Gott die Quelle der Liebe ist – ja. Dann fragte er, ob ich es für liebevoll halte, jemanden in die Hölle zu schicken, weil er kein Christ ist. Diese Frage löste in mir ein Gefühl der Unsicherheit aus. Um seinen Standpunkt zu verdeutlichen, forderte er mich auf, mir vorzustellen, ich sei Gott. Er fragte dann, ob ich jemanden in die Hölle schicken würde, weil er kein Christ ist.

"Natürlich nicht", sagte ich.

Dann fragte er mich, ob ich einen Gott lieben oder respektieren würde, der Menschen in die Hölle schicken würde, nur weil sie ungläubig sind. Nach reiflicher Überlegung wurde mir klar, dass ich diesen Gott nicht nur nicht respektieren, sondern hassen würde. Mein Vater erklärte mir dann, dass es viele Menschen in fernen Ländern gibt, die vielleicht nie vom Christentum gehört haben und es daher nicht als Religion wählen können. Ich hielt es für falsch, dass sie in die Hölle kommen sollten, nur weil ihnen Informationen fehlten.

Er erklärte dann, dass auch andere Religionen behaupten, dass nur diejenigen, die ihre Religion anbeten, vom Feuer der Hölle verschont bleiben. Ich war verwirrt. Wie können mehrere Religionen die gleiche Behauptung aufstellen? Mir wurde klar, dass wir entweder alle in die Hölle kommen oder diese speziellen Lehren falsch sind. In jedem Fall war Gott, wenn er nach dieser Politik handelte, meiner Meinung nach nicht des Respekts würdig.

Wir schlugen unsere Bibeln auf und begannen, Verse zu vergleichen. Beim Vergleich wies er auf die Unterschiede zwischen den drei Bibelübersetzungen hin und darauf, dass aus diesen Abweichungen unterschiedliche Schlussfolgerungen gezogen werden könnten. Dann lenkte er meine Aufmerksamkeit auf die Unterschiede in den Auferstehungsgeschichten, wie sie bei Matthäus, Markus, Lukas und Johannes zu finden sind. Ich war schockiert, wie drastisch die Unterschiede waren, selbst innerhalb einer einzigen Bibelversion.

Die vier Berichte über diesen entscheidenden Moment sind so widersprüchlich, dass keiner von ihnen vertrauenswürdig erscheint. Die Geschichten reichen vom Übernatürlichen bis zum Alltäglichen, vom Betreten des Grabes bis zum Verbleib außerhalb. Höchstens einer dieser Berichte konnte die tatsächlichen Ereignisse am Grab widerspiegeln, aber es gab keine Möglichkeit, herauszufinden, welcher, wenn überhaupt einer wahrheitsgetreu war.

Ich fragte mich, wie viel von der Lebensgeschichte Jesu in ähnlicher Weise verfälscht worden war. Die offensichtlichen Diskrepanzen ließen in mir Zweifel an der Zuverlässigkeit der Chronisten Jesu und damit an der gesamten Jesus-Erzählung aufkommen. Tief im Innern spürte ich immer noch, dass die Heilige Bibel einen unglaublich wichtigen Kern an Wahrheit enthielt; aber was genau diese Wahrheit war, konnte ich nicht erkennen.

Als wir unser Gespräch beendeten, vertraute mein Vater mir an, dass er nicht glaube, dass irgendjemand die Wahrheit über Jesus oder Gott wisse. Dann betonte er, wenn ich wirklich die Wahrheit über Gott erfahren wolle, müsse ich sehr ehrlich sein, einen offenen Geist bewahren und weiter suchen.

Ich hatte das Glück, dass mein Vater die Bibel studiert hatte und bereit war, mit mir ehrlich und respektvoll über das Thema zu sprechen, obwohl ich noch ein Kind war. Im Gegensatz zu dem, was man vermuten könnte, hat mich unser Gespräch nicht von der Bibel abgewandt, sondern mich vielmehr dazu inspiriert, sie ernster zu nehmen. Mir wurde klar, dass ich meine positive Voreingenommenheit ablegen und das Buch ehrlicher angehen musste. Selbst nach diesem Gespräch fühlte ich mich immer noch tief von der Christus-Erzählung angezogen.

Kurz nach diesem Gespräch hatte ich meine erste mystische Erfahrung. Nachdem ich eines Abends zu Bett gegangen war, erwachte ich in einem Traumzustand, der sich unendlich viel realer und bedeutungsvoller anfühlte als die gewöhnliche Realität und ich fand einen Mann mitten in meinem Schlafzimmer auf dem Boden liegen.

Einen Fremden im Zimmer zu haben, sollte jedes Kind erschrecken, aber seltsamerweise fühlte ich keine Angst. Ich sah mich um und bemerkte, dass der Raum von einem warmen Licht erfüllt war, das mich zu ihm zu locken schien.

Ich stieg aus dem Bett und näherte mich ihm von der linken Seite. Als ich mich ihm näherte, trafen sich unsere Augen. Als ich in seine Augen blickte, hatte ich das Gefühl, von unendlichen Quellen der Weisheit, des liebevollen Mitgefühls und des tiefen Kummers aufgesogen zu werden. Instinktiv wusste ich, dass dieser Mann Jesus Christus war. Woher ich das wusste, kann ich nicht genau beziffern – ich wusste es einfach in der Tiefe meines Wesens.

Er schaute mir eine Weile in die Augen und sagte mit langgezogener Stimme: „Hilf mir." In meiner kindlichen Unschuld nahm ich an, dass er mich bat, ihm aufzuhelfen, also ergriff ich mit beiden Händen sein linkes Handgelenk und versuchte ihn mit dem stärksten Zug, den mein achtjähriges Ich aufbringen konnte, auf die Beine zu heben.

Zu meiner Überraschung verformte sich sein Arm in meinem Griff wie ein Wasserballon. Ich schaute an seinem Körper hinunter und sah, dass er schlaff war. Mir wurde klar, dass er kein Skelett hatte. Verwirrt schaute ich ihm wieder in die Augen. Nach einem Moment wiederholte er langsam: „Hilf mir. "

Ich wachte weinend, verwirrt und in Panik auf, wollte helfen, wusste aber nicht wie, wollte in diesen Traum zurückkehren, konnte es aber nicht. Über einen Zeitraum von etwa sechs Monaten hatte ich immer wieder denselben Traum. Jedes Ereignis war bis ins kleinste Detail identisch, woran ich mich jedoch immer erst nach dem Aufwachen erinnerte. Innerhalb des Traums erschien es mir immer so, als wäre es das allererste Mal.

Der Traum fühlte sich so bedeutungsvoll an, dass die Erinnerung daran mich durch meine Tage verfolgte. Die Worte "Hilf mir" hallten in meinem Hinterkopf wider, wo immer ich war. Ich war wie besessen davon, das Geheimnis dieses Traums zu enträtseln.

Alles, was ich wirklich wollte, war, Jesus zu helfen. Das einzige Problem: Ich hatte keine Ahnung, was Jesus von mir wollte. Nach jedem Traum fühlte ich eine enorme Frustration, weil ich immer erst kurz vor seiner Antwort erwachte.

Als ich aufwachte, konnte ich mich an die vielen Male erinnern, die ich ähnlich verwirrt aufgewacht war. Frustration entstand aus einer Kombination von Verwirrung und der wachsenden Überzeugung, dass ich niemals eine Antwort erhalten würde. Ich steckte in einer doppelten Schleife aus einem sich wiederholenden Traum und emotionaler Qual fest, wollte verzweifelt helfen, konnte es aber nicht.

"Wenn ich nur noch ein paar Augenblicke in diesem Traum bleiben könnte, hätte ich meine Antwort", dachte ich.

Jeden Abend vor dem Schlafengehen betete ich darum, noch ein wenig länger in diesem Traumzustand zu bleiben, um die volle Bitte Jesu zu hören. Monatelang schienen meine Gebete erfolglos zu sein, bis ich eines Nachts endlich die Antwort bekam.

Der Traum war genauso, wie er immer gewesen war, aber unerwartet, in dem Moment, in dem ich sonst immer erwachte, in dem Moment, in dem Jesus zum zweiten Mal um Hilfe bat, erfüllte eine Energiewelle meinen Körper und verankerte mich im Traum.

„Wie kann ich dir helfen?", fragte ich.

Jesus schaute mir direkt in die Augen und sagte nach einer Pause: „Finde meine Gebeine, denn sie sind der Kern meiner Lehre. Das meiste, was über mich geschrieben wird, ist unwahr. Die Menschheit hat meine Lehren aus egoistischem Gewinnstreben so verdreht, dass nur wenig von der Essenz übrig geblieben ist. Das Wenige, das übrig blieb, wird in den religiösen Ritualen und der Verwirrung weitgehend übersehen. Finde die Essenz meiner Lehren und gib sie der Welt zurück. Auf diese Weise kannst du helfen. Wirst du das tun?"

Jede Zelle in meinem Körper schien vor Inspiration zu leuchten. Ich wusste, dass dies meine Lebensaufgabe war. „Ja", sagte ich, „das werde ich." Mit diesem Versprechen erwachte ich aus dem Traum und fühlte ein tiefes Gefühl der Erleichterung. Das war das letzte Mal, dass ich Jesus sah und es war der Beginn einer lebenslangen Suche nach *dem Prinzip* seiner Lehren: den Gebeinen von Christus.

Da Jesus darauf hinwies, dass ein kleiner Teil der Essenz in der Heiligen Bibel genau wiedergegeben ist und weil ich nirgendwo anders mit meiner Suche beginnen konnte, wandte ich mich der Schrift zu. Rückblickend war es ein Akt der Verzweiflung, denn tief in meinen Knochen wusste ich, dass ich die wesentlichen Lehren nicht durch das Lesen von Büchern oder der Aussagen von Autoritäten erkennen würde. Wie ich sie finden würde, wusste ich nicht, aber irgendwie wusste ich, dass sie sich durch meine Lebenserfahrung offenbaren würden.

Kapitel 2

Das Unendliche

Es vergingen etwa fünfzehn Jahre, bevor ich irgendwelche nennenswerten Informationen über mein Versprechen an Jesus erhielt. In meinen frühen Zwanzigern machte ich endlich Fortschritte. Ich hatte mir gerade den Knöchel gebrochen. Der Schmerz war unerträglich und ich versuchte, mich darüber hinweg zu meditieren. Die Intensität des Schmerzes diente dazu, meinen Geist bei der Meditation ganz präsent zu halten. Instinktiv spürte ich, dass ich mir selbst, anderen Menschen und dem Leben jegliche Negativität vergeben musste. Durch den Prozess der Vergebung tauchten spontan alte Erinnerungen in meinem Geist auf, die ich sehen und von deren Urteil ich mich befreien wollte.

Irgendwann während dieses Prozesses wurde meine Wahrnehmung der physischen Welt schwächer und ich geriet in einen zeitlosen Abgrund, der große Angst auslöste. Irgendwie wusste ich, dass ich auch das verzeihen musste. Als sich die Angst auflöste, verschwand auch die Erfahrung des dunklen Abgrunds. Dann erlebte ich eine tiefe Einheit und ich erkannte, dass ich mich in der Gegenwart des Unendlichen befand.

Ich spürte eine greifbare Intelligenz und Kraft, die so vollkommen und liebevoll war, dass sie sich der Sprache entzog. Die Gegenwart war ganz und gar heilig. In diesem Augenblick verflüchtigte sich meine sprachlich begrenzte, kulturell bedingte, zeitgebundene Wahrnehmung des Unendlichen.

Das Unendliche begann mit mir außerhalb der Sprache durch direktes Verstehen zu kommunizieren. Es schien, als ob Wissen und Erfahrung in meinen Geist eindrangen, um sofort, ohne Nachdenken, auf eine Weise verstanden zu werden, die Sprache nicht angemessen vermitteln kann. Wenn ich mich nach dem Wesen des Unendlichen erkundigte, lautete seine Antwort, wenn ich sie in Worte fassen müsste, etwa so: „Es gibt nichts anderes."

Ich hatte im Neuen Testament gelesen, dass Gott das Alpha und das Omega ist. Alpha und Omega sind die ersten und letzten Buchstaben des griechischen Alphabets. Die Bedeutung ist, dass Gott der Anfang und das Ende ist, ganz, vollständig, alles, was ist und so verstand ich, dass ich in der Gegenwart dessen war, was ein Christ "Gott" nennen könnte.

Dieser Gegenwart wohnt eine Macht inne, die unbegreiflich ist und doch ganz greifbar erscheint. Wenn dies Gott war, dann lag er völlig jenseits dessen, was ich mir beim Lesen der Bibel vorgestellt hatte, denn ich fand keine Spur von Gericht oder Zorn, Eigenschaften, die Gott im Alten Testament häufig zugeschrieben werden.

In vielerlei Hinsicht ist die Erfahrung des Unendlichen das Gegenteil dieser Geschichten, denn das Unendliche ist vollkommen vergebend (da es weiß, dass es nichts zu vergeben gibt), nicht wertend und bedingungslos liebend. Seine Harmonie ist so vollkommen, dass ich mich in seiner Gegenwart nicht im Geringsten verurteilt fühlte. Später jedoch, als ich mich mit der Erinnerung an die vollkommene Ganzheit verglich, traten meine Unvollkommenheiten grell hervor.

Dieser anschließende Vergleich war eine fehlerhafte Formulierung, die von meinem konditionierten Verstand und meinem Ego geschaffen wurde. Ich glaube, dass solch harte Formulierungen viele Religionen dazu gebracht haben, mit ihren wertenden Lehren in die Irre zu führen. Aus meiner Erfahrung heraus kann ich leicht erkennen, wie das, was in wahrer Gemeinschaft mit dem Unendlichen entstanden sein mag, zu einer erdrückenden, wertenden Einstellung werden kann.

Die Erfahrung des Unendlichen ist viel realer, als die physische Realität jemals empfunden wird. Eine Erfahrung des Unendlichen zu beschreiben ist schwieriger, als jemandem, der nie gesehen hat, das Sehen zu erklären oder jemandem, dem die Geruchsnerven fehlen, den Geruch. Trotz der offensichtlichen Aussichtslosigkeit hat der Wunsch zu teilen zu unzähligen stümperhaften Versuchen geführt.

Es gibt viele Unterschiede zwischen den Menschen und ihren Überzeugungen, aber der grundlegendste Unterschied liegt in den Überzeugungen über die Natur des Universums und des Bewusstseins. Theologen haben zahlreiche Theorien darüber, was Gott ist, während Wissenschaftler unzählige Vorstellungen von der Natur des Universums haben.

Unabhängig von der jeweiligen Überzeugung oder Vorstellung lassen sie sich alle auf zwei Hauptperspektiven zurückführen. Die erste Idee, die im Allgemeinen von spirituell orientierten Menschen vertreten wird, besagt, dass das Universum von Grund auf bewusst ist und daher alles bewusst ist. Dieser Gedanke wird im Volksmund als "Panpsychismus" bezeichnet.

Die andere Hauptperspektive, die allgemein in der wissenschaftlichen Gemeinschaft vertreten wird, geht davon aus, dass das Universum aus unbewusster Materie besteht und daher kein angeborenes Bewusstsein besitzt.

Die Aussage des Unendlichen: „Es gibt kein Anderes" bedeutet, dass es keinen Unterschied zwischen dem Unendlichen und dem, was wir als das Universum betrachten, gibt und somit auch keinen Unterschied zwischen dem Unendlichen und uns selbst.

Die typische, religiöse Sicht auf Gott unterscheidet sich von der Art und Weise, wie ich das Wort "unendlich" hier verwende. Religiöse Führer sehen Gott typischerweise als außerhalb der Körperlichkeit stehend. Ihre Sichtweise lässt sich wie folgt zusammenfassen: Es gibt Gott und dann etwas anderes als Gott, das Gott erschaffen hat. Diese Dualität stiftet bei den Menschen viel Verwirrung und Disharmonie.

Die Perspektive des "Kein Anderes" löst die Verwirrung auf, sobald sich der Geist an diese Perspektive gewöhnt hat. Lass uns die Idee des Panpsychismus näher betrachten, um diese Anpassung zu erleichtern. Panpsychismus ist eine Perspektive, die mir völlig unbekannt war, bis die Erfahrung mit dem Unendlichen sie mir durch die Behauptung, dass es kein Anderes gibt, offenbarte.

Heutzutage wird der Panpsychismus sogar in der wissenschaftlichen Gemeinschaft immer häufiger vertreten, da alle bisherigen, materialistischen Theorien das Bewusstsein bei Menschen und Tieren nicht erklären können. Die wissenschaftliche Gemeinschaft hat sich lange gegen die Vorstellung gewehrt, dass Tiere ein Bewusstsein haben könnten, aber immer mehr Beweise sprechen dafür. So haben beispielsweise Menschenaffen, Elefanten, Delfine und sogar einige Vögel wie

Krähen und Elstern die Fähigkeit bewiesen, sich in einem Spiegel zu erkennen, für die Zukunft zu planen und Werkzeuge zur Erfüllung ihrer Pläne herzustellen. Diese Fähigkeiten sind allesamt Eigenschaften, die wir dem Bewusstsein zugeschrieben haben.

In dem Maße, in dem wir entdecken, dass Tiere über Fähigkeiten verfügen, von denen wir bisher annahmen, sie seien spezifisch dem Menschen vorbehalten, sind wir gezwungen, entweder zuzugeben, dass Tiere ein Bewusstsein haben oder dass wir nicht verstehen, was Bewusstsein ist. Ich vermute, dass beides zutrifft: Wir sind nicht die einzigen bewussten Wesen und wir verstehen nicht, was Bewusstsein ist. Vielleicht, nur vielleicht, ist das Bewusstsein allen Dingen im Universum inhärent. Vielleicht ist das Bewusstsein das Universum.

Das Problem mit der materialistischen Sichtweise, die behauptet, dass das Bewusstsein ein Nebenprodukt materieller Prozesse ist, besteht darin, dass es keine nachprüfbaren Beweise dafür gibt, wie das Bewusstsein entsteht, woher es kommt oder wie es funktioniert, geschweige denn, was das Bewusstsein eigentlich ist. Es scheint, als drehe sich das menschliche Leben um das Bewusstsein, was bedeutet, dass das Bewusstsein selbst nach wissenschaftlichen Maßstäben absolut grundlegend für alle Erfahrungen ist. Vielleicht ist das Bewusstsein sowohl das, was erlebt wird, als auch das, was erlebt wird. Vielleicht gibt es nichts anderes.

So wichtig die Frage des Bewusstseins auch ist, die materialistische Sichtweise ist bis heute nicht weitergekommen. Fairerweise muss man sagen, dass das Bewusstsein etwas ist, das uns die Wissenschaft bisher nicht zu verstehen geholfen hat. Wenn wir bewusste Wesen sind und das Bewusstsein eine zentrale Rolle bei allen unseren Erfahrungen spielt, dann bedeutet dies, dass die Wissenschaft, die sich ausschließlich auf die materialistische

Sichtweise stützt, uns keinen Einblick in unsere tiefere Natur gewährt hat. Es könnte an der Zeit sein, dass die Wissenschaft dem Panpsychismus eine faire Chance gibt.

Vielleicht ist es an der Zeit, dass wir die Scheuklappen ablegen und aufhören so zu tun, als würden wir uns selbst, andere Tiere, das Leben oder das Universum verstehen. Wir könnten zuerst zugeben, dass wir es nicht wissen und dass die materialistische Linse für die Aufgabe unzureichend sein könnte, bevor wir beginnen können, mit neuen Augen zu sehen.

Was wir wissen, ist, dass das Bewusstsein in jedem einzelnen Moment unseres wachen Lebens eine zentrale Rolle spielt. In Anbetracht der Tatsache, dass das Bewusstsein alle Erfahrungen durchdringt, sollte man meinen, dass mehr Wissenschaftler und mehr Geld in dieses Gebiet fließen als in jedes andere Forschungsgebiet. Selbst wenn es ein populäreres und finanziell besser ausgestattetes Gebiet wäre, ist es unwahrscheinlich, dass das Bewusstsein seinen rechtmäßigen Platz als mutige, neue Grenze der Forschung einnehmen wird, solange wir nicht den materialistischen Standpunkt aufgeben. Bis dahin werden wir wahrscheinlich in Unkenntnis über uns selbst bleiben.

Kapitel 3

Das Antlitz Gottes

Wie ich im vorigen Kapitel sagte, antwortete das Unendliche, als ich es nach seinem Wesen fragte: „Es gibt kein Anderes". In Wirklichkeit ist "Es gibt kein Anderes" nicht das, was das Unendliche mitgeteilt hat, sondern meine Übersetzung dessen, was es mitgeteilt hat, um einen vollständigen Satz zu bilden. Was tatsächlich durchkam, war "kein Anderes". Was nichts anderes bedeutet als, dass alles, was ist, das Unendliche ist, was dich und mich einschließt. Wenn es irgendetwas in dieser Erfahrung gab, das mir Qualen bereitete, dann war es dieses Konzept.

Ich konnte mich einfach nicht mit der Vorstellung anfreunden, dass ich aus der Perspektive des Unendlichen das alles war. Wie ist es möglich, dass ich eins sein kann mit allem, was ist und es nicht weiß? Wie konnte ich vollkommen heil sein, wenn ich nach meiner eigenen Einschätzung ein Sack voller Disharmonie und Verwirrung war?

Jahrelang hat mich diese Frage gequält. Tief in meinem Inneren wusste ich, dass die Perspektive des Unendlichen wahr war, aber ich konnte nicht verstehen, wie sie wahr sein konnte. Ich schien nicht in der Lage zu sein, die Geometrie zu visualisieren, die die Ganzheit der unendlichen Erfahrung ermöglichen würde.

Nach der Erfahrung des Unendlichen wurde es mein Ziel, die richtige Frage zu stellen. Durch diese Begegnung verstand ich, dass sequentielles Denken nicht hilfreich war und so gab ich den zeitbasierten Ansatz auf. Trotzdem kamen keine Antworten.

Um ein Gefühl für das Unendliche zu bekommen, verstand ich, dass ich die Dinge eher durch die Linse des Potenzials als der materiellen Existenz betrachten musste. Ich verstand, dass ich nach einer nahtlosen Einheit und nicht nach Trennung suchen musste. Doch mein Verstand ließ mich im Stich.

Ungefähr zwei Jahrzehnte vergingen, bevor ich Klarheit über diese Frage erlangte, wiederum durch eine mystische Erfahrung. Eines Abends, als ich mit meiner Familie fernsah, geriet ich unerwartet in einen visionären Zustand, der mir die Geometrie des Unendlichen offenbarte. Da diese Geometrie anderen wahrscheinlich helfen wird, einen Großteil der Verwirrung, die ich erlebt habe, zu umgehen, möchte ich sie hier mit dir teilen.

Auch wenn ich nicht in der Lage bin, das, was ich erlebt habe, vollständig in Worte zu fassen, ermöglicht dieses Modell dem Verstand, die Dinge auf eine verständliche Weise zu sehen, die auf die Beschreibung "kein Anderes" passt. Am wichtigsten ist, dass diese nahtlose Perspektive einen Schlüssel zum Verständnis *des Prinzips* in der Schöpfungsmythologie der Genesis liefert.

In unserem Modell gehen wir von der Vorstellung aus, dass das Bewusstsein die Grundlage von allem, was ist, ist, wie in Kapitel 2 beschrieben. Stellen wir uns vor, dass dieses grundlegende Bewusstsein keine reale Form oder scheinbare

Substanz hat. Wir können die grundlegende Mathematik nutzen, um dieses Ziel zu erreichen, indem wir dem grundlegenden Bewusstsein in unserem Modell den Wert Null zuweisen. Um dich als Leser daran zu erinnern, dass die Null in unserem Modell bewusst ist, werde ich sie als "Null" und als "Betrachter" bezeichnen.

In unserem zeitlosen Modell werden wir in Übereinstimmung mit der Aussage "kein Anderes" sagen, dass Null (der Betrachter) versteht, dass er keinen Vorgänger hat, denn ohne Zeit gibt es kein Vorher oder Nachher. Der Betrachter ist bewusst völlig offen, was bedeutet, dass er für alle Möglichkeiten offen ist, auch für die Möglichkeit, seine eigene Natur zu vergessen. Seine grenzenlose Offenheit lässt sogar das Potenzial der Begrenzung zu, wie z. B. den Anschein, bestimmte Erfahrungen zu machen, so wie Menschen Träume haben, die sehr real erscheinen können. Für das Unendliche sind diese traumähnlichen Zustände ständige Spekulationen über seine Natur, die wir Menschen vielleicht am besten als Hologramme verstehen – zweidimensionale Bilder, die nur scheinbar dreidimensional sind.

Während die meisten Menschen Hologramme nur aus Science-Fiction-Büchern und -Filmen kennen, haben wir alle Träume, die wir auch als dreidimensional erleben, obwohl sie in Wirklichkeit in unserem eigenen Geist enthalten sind. Wenn das Universum jedoch ein Hologramm ist, dann ist die Erfahrung dieser "Träume" für uns Menschen Realität, denn wir befinden uns im Geist des Betrachters und betrachten von dort aus.

An dieser Stelle wird uns ein wenig Geometrie helfen, die begrifflichen und dimensionalen Projektionen des Betrachters weiter zu erforschen. Denke daran, dass in unserem Modell der Betrachter immer die Summe Null ergibt. Da die Natur des Betrachters Null ist und immer sein wird, wird jedes Potenzial, das er sieht, sofort durch das entgegengesetzte Potenzial ausgeglichen. Zum Beispiel wird die Idee "Ist" durch die entgegengesetzte Idee "Ist nicht" ausgeglichen, während "Bin" durch "Bin nicht" ausgeglichen wird. Mit diesen gegensätzlichen Polaritäten im Kopf spekuliert der Betrachter, dass er gleichzeitig existiert und nicht existiert.

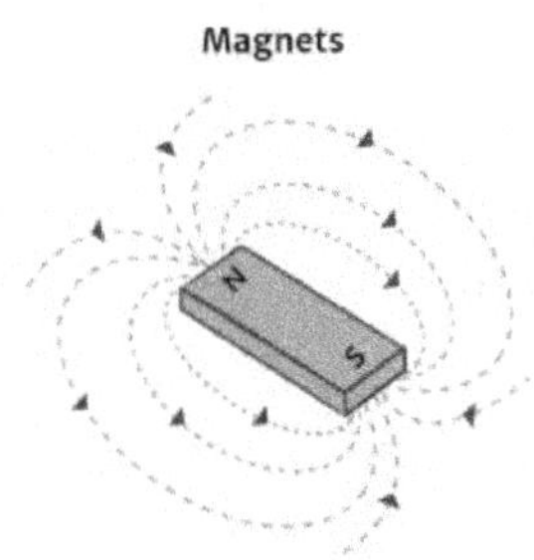

Abbildung 1: Magnetische Energieflüsse

Um ein visuelles Gefühl für den Prozess des Betrachtens zu bekommen, stellen wir uns vor, dass diese beiden primären Kategorien von Konzepten (positiv und negativ) zwei entgegengesetzte Pole darstellen, ähnlich wie ein Magnet. Da sich die beiden Konzepte in gegenseitiger Abhängigkeit gegenüberstehen, stoßen die positiven und negativen Kräfte beide vom Zentrum weg und krümmen sich zueinander, wodurch kreisförmige Energiefelder entstehen. Stelle dir nun vor, dass zwischen den Polen unendlich viele bogenförmige Energien strömen, die jeweils unterschiedliche positive und negative Vorstellungen von sich selbst repräsentieren. Siehe Abbildung 1. Die kombinierte Wirkung dieser zahllosen Energieströme erzeugt die Form eines Torus, der der Form eines Donuts oder Rings ähnelt. Siehe Abbildung 2.

Beachte, dass das Torusbild in Abbildung 2 mit einem großen

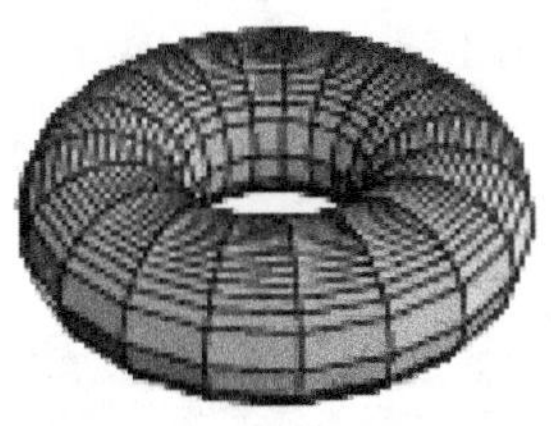

*Abbildung SEQ Figure * ARABIC 2: Torus*

Loch in der Mitte gerendert wurde, um uns die Geometrie zu veranschaulichen. Stelle dir nun jedoch vor, dass dieses Loch unermesslich oder unmerklich klein ist. Ich beschreibe das Loch als unermesslich klein, weil es nichts gibt, was tatsächlich außerhalb von Null liegt. Um eine tatsächliche Messung zu erhalten, benötigen wir etwas anderes als das, was gemessen wird, um es zu vergleichen.

Um das zu verdeutlichen, stelle dir vor, dass du, jeder und alles, was du kennst, in einer Schachtel leben. Außerhalb der Box gibt es nichts und niemand war jemals außerhalb der Box. In diesem Szenario kannst du die Schachtel nicht wirklich messen. Da es nicht möglich ist, außerhalb der Schachtel zu sein, kannst du die Schachtel nur relativ zu dem messen, was sich innerhalb der Schachtel befindet, und zwar von der Einschätzung deines begrenzten Blickwinkels aus. Ohne eine umfassendere Perspektive, die es erfordert, aus der Schachtel herauszukommen, hast du keine Möglichkeit, die tatsächliche Größe der Schachtel oder irgendetwas darin genau zu messen. Tatsächlich ist die Größe der Schachtel gleich Null, ebenso wie alles, was sich in ihr befindet, auch wenn das nicht der Fall zu sein scheint.

Zur Erinnerung: Null ist die Summe aus dem Loch und den gewölbten Energieströmen, aus denen der Torus besteht. Das Loch ist offensichtlich Null, während die positiven und negativen Wölbungsenergien sich zu Null ausgleichen.

Als Nächstes stellen wir uns eine Kugel vor, die aus mehreren Tori besteht, wie ein Planet, mit geladenen Polen an der Ober- und Unterseite. Siehe Abbildung 3. Wir könnten uns vorstellen, dass der Pol an der Spitze die positive Polarität darstellt, von der affirmative Ideen wie "Ich bin" ausgehen, während der Pol an der Unterseite den negativen Pol darstellt, der für "Ich bin nicht" steht. Die geordnete Idee des "Ich bin" krümmt sich in Richtung ihres interdependenten Gegenteils. Die zahllosen eindimensionalen, sich wölbenden Stränge entgegengesetzter,

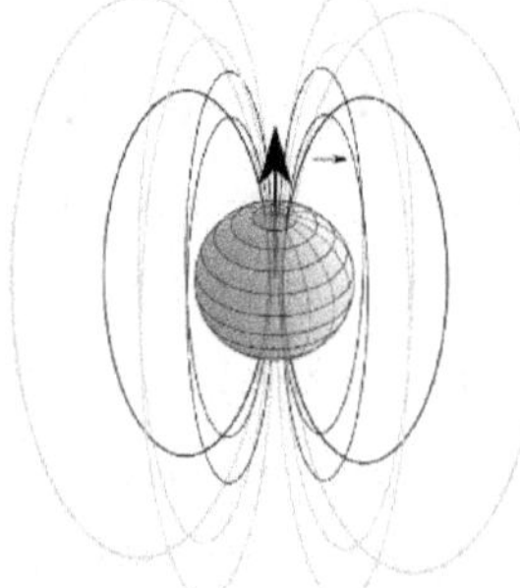

*Abbildung SEQ Figure *
ARABIC 3: Sphäre der
Tori*

spekulativer Energien (die Tori) verbinden sich zu einer scheinbar glatten, dreidimensionalen Oberfläche.

Wenn wir uns daran erinnern, dass das Unendliche ständig holografische Projektionen erschafft und dass Projektionen aus anderen Projektionen zusammengesetzt sind, können wir uns vorstellen, dass wir eine einzelne Projektion, einen bogenförmigen Strang, heranzoomen und sehen, dass er von vergleichsweise kleineren Kugeln zusammengehalten wird, die ebenfalls aus Energiesträngen bestehen, die aus dualen, voneinander abhängigen Ideen geboren wurden, ad infinitum. Ob wir nun hinein- oder herauszoomen, jeder Torus, der aus holografischen Projektionen besteht, erscheint dreidimensional.

So können wir uns die kontinuierlichen Projektionen der Betrachter als dreidimensionale Strukturen vorstellen, die unseren eigenen Körpern nicht unähnlich sind, die aus unzähligen mikroskopischen Zellen bestehen – jede ein Betrachter, ein Wahrnehmungszentrum, ein Energietanz.

Wir können auch, wie ich es während meiner Vision getan habe, unendlich viele gegensätzliche Konzepte sehen, die aus dem Betrachter strömen und einen visuellen Effekt wie eine Lichtfontäne erzeugen, die sich aus etwas ergießt, das der Pupille eines Auges verblüffend ähnlich sieht.

Und schließlich könnten wir, wiederum auf der Grundlage meiner visionären Erfahrung, die kontinuierlichen holografischen Projektionen der Betrachter mit denen unseres Universums vergleichen, das mit Galaxien, Sonnensystemen, Planeten und Sternkonstellationen gefüllt ist.

Wir haben jetzt also drei scheinbar holografische Dimensionen, die aus einem ungeformten Bewusstsein entstanden sind, das sich selbst durch gegensätzliche Ideen erforscht – unsere Zellen, unsere

Augen und unser Universum. Nur zur Erinnerung – ich bin kein Physiker. Ich gebe nur wieder, was ich in einem mystischen Zustand erlebt habe, um dir zu helfen, das Leben als ein einheitliches Feld zu betrachten und nicht als einen Haufen getrennter Teilchen oder zufälliger, atomarer Körper, die aneinander stoßen. Wenn das Modell, das ich hier anbiete, dem Geist hilft, das einheitliche Feld des Betrachters klarer zu erkennen, dann erfüllt es seinen Zweck.

Da unsere Wahrnehmung an die Zeit gebunden ist, sehen wir Menschen die Sphären innerhalb der Sphären als einen geplanten Prozess, der von einem Schöpfer erdacht wurde. Aus der offenen Perspektive des Betrachters jedoch gibt es keine Vergangenheit oder Zukunft, sondern nur die Gegenwart – es ist eine Offenbarung, keine Wahl oder ein Plan.

Interessanterweise besagt eine populärwissenschaftliche Hypothese mit der Bezeichnung "Null-Energie-Universum", dass das Universum eine Gesamtenergiesumme von Null hat. Wie ist das möglich, könnte man sich fragen. Nun, wenn alle positiven Energien durch negative Energien ausgeglichen werden, wie es bei Atomen der Fall ist, bei denen die Anzahl der Protonen (positive Ladungen) mit der Anzahl der Elektronen (negative Ladungen) übereinstimmt, ergibt sich eine Nettoenergie von Null, d. h. die Summe der Energie des Universums ist gleich Null.

Eine bekannte Kritik an dieser Hypothese stammt von dem Quantenkosmologen Christopher Isham. Isham schlägt vor, dass ein "ontisches Seeding" erforderlich ist, um die positive und negative Energie überhaupt erst zu erzeugen. Das Schlüsselwort "ontisch" ist ein philosophischer Begriff, der auf eine physische, reale oder faktische Existenz hinweist.

Ishams Kritik geht davon aus, dass Materie tatsächlich ein Ding ist. Wenn die Realität, die wir wahrnehmen, eher einem Hologramm ähnelt, das aus einer bewussten Null entsteht, dann ist sein Argument hinfällig.

Woher sollen wir wissen, ob das, was wir Realität nennen, ein Hologramm ist oder nicht? Unsere Intuition verstärkt die Art und Weise, wie unser Verstand die Realität zu gestalten gewohnt ist, was es sehr schwierig macht, die wahre Natur der Realität zu bestimmen.

Ehrlich gesagt bin ich mir nicht sicher, wie die Wissenschaft jemals das eine oder das andere feststellen könnte, denn die derzeitige, wissenschaftliche Methode erfordert Vergleiche, um Schlussfolgerungen zu ziehen. Wenn Wissenschaftler eine Möglichkeit hätten, außerhalb der Realität zu gelangen, um eine vergleichende Messung vorzunehmen, dann könnten sie uns vielleicht etwas über diese Frage sagen. Leider scheint es unmöglich zu sein, außerhalb der Realität zu gelangen, zumindest nach unserem derzeitigen Verständnis der Physik.

Dies bringt uns zurück zum betrachtenden Nullpunkt. Aus der Perspektive des Betrachters gibt es nichts anderes und deshalb ist alles, was wahrgenommen wird und das, was es wahrnimmt, ein Nichts. In gewisser Weise kann man sagen, dass du ein Auge des Betrachters bist. Ich bin ein Auge des Betrachters. Alles ist der Betrachter. Wir alle sind Betrachter.

Welchen Sinn ergeben diese mystische Erfahrung und die Theorie des Panpsychismus, die wir in Kapitel 2 diskutiert haben? Sollen wir annehmen, dass ein Stein genauso intelligent ist wie ein Mensch? Diese Annahme ist nicht erforderlich, wenn wir erkennen, dass Bewusstsein und Intelligenz keine synonymen Begriffe sind.

Laut Merriam-Webster wird "Intelligenz" wie folgt definiert:

(1) die Fähigkeit, zu lernen oder zu verstehen oder mit neuen oder schwierigen Situationen umzugehen
Situationen: Vernunft: der geschickte Gebrauch der Vernunft

(2) die Fähigkeit, Wissen anzuwenden, um die eigene Umgebung zu beeinflussen oder abstrakt zu denken, gemessen an objektiven Kriterien (z. B. Tests)

Merriam-Webster definiert "Bewusstsein" wie folgt:

1 a: die Eigenschaft oder der Zustand, sich etwas bewusst zu machen, vor allem etwas in sich selbst
b: der Zustand oder die Tatsache, sich eines externen Objekts, Zustands oder einer Tatsache bewusst zu sein

Im Wesentlichen ist Intelligenz die Fähigkeit, mit Daten zu jonglieren, während Bewusstsein, zumindest was ich darunter verstehe, die Fähigkeit ist, wahrzunehmen, zu betrachten.

Gehen wir davon aus, dass unsere Definition von Intelligenz gleichzusetzen ist mit der Fähigkeit, Daten zu jonglieren oder zu manipulieren und die Definition von Bewusstsein die Fähigkeit zur Wahrnehmung. Lass uns anschließend einige nicht-menschliche Lebewesen betrachten, um den Begriff ein wenig weiterzuentwickeln.

Ein Insekt kann vielleicht nicht mit vielen Daten jonglieren, aber es kann etwas wahrnehmen. In der Cambridge Declaration on Consciousness, die 2012 von prominenten Neurowissenschaftlern unterzeichnet wurde, heißt es unmissverständlich, dass „der Mensch nicht das einzige Wesen ist, das über die neurologischen Substrate verfügt, die Bewusstsein erzeugen. Auch nicht-menschliche Tiere, einschließlich aller Säugetiere und Vögel und viele andere Lebewesen, darunter Kraken, besitzen diese neuronalen Substrate."

Ich vermute, dass es mit zunehmender Zahl von Studien immer klarer wird, dass alle Tiere ein sehr grundlegendes Bewusstsein haben. Nach dem, was ich durch mystische Erfahrung gesehen habe, hat sogar ein Atom ein grundlegendes Bewusstsein vom Sein. Ein Atom hat vielleicht nicht die verschiedenen Sinne und die Fähigkeit zu denken wie du oder ich, aber es kann sich seiner Existenz grundsätzlich bewusst sein.

Unabhängig davon, ob wir glauben, dass alles auf einer fundamentalen Ebene bewusst ist oder nicht, wird es hilfreich sein, sich an das Konzept des Panpsychismus und die einheitliche Natur des Seins zu erinnern, wenn wir uns etwas später mit der Schöpfungsmythologie der Genesis befassen. Im Folgenden werde ich die Begriffe "Null", "Betrachter" und "unendlich" synonym verwenden. Der Betrachter wird verwendet, um die grundlegende Wahrnehmungsnatur des Seins zu bezeichnen, während das Unendliche verwendet wird, um seine Unermesslichkeit zu beschreiben.

Kapitel 4

Im Verborgenen

Eines Nachts, im selben Jahr, in dem meine mystische Erfahrung stattfand, die ich spielerisch "Das Antlitz Gottes" nenne, war ich in die letzte der außergewöhnlichen Erfahrungen eingetaucht, die für dieses Buch relevant sind. In dieser besonderen Nacht konnte ich einfach nicht einschlafen.

Mein Körper wälzte sich stundenlang hin und her, ohne dass ich einen einzigen Gedanken fassen konnte. Schließlich, gegen drei Uhr nachts, trat ich in einen Dämmerzustand zwischen Traum und Wachsein ein. Mein Körper strotzte vor Energie – ich wusste, dass ich eine mystische Erfahrung machte.

Vor meinem geistigen Auge sah ich meine aufgeschlagene Bibel, die Seiten blätterten schnell vom Ende zum Anfang zurück und blieben schließlich bei Genesis 1 stehen, dem Anfangstext der hebräischen Bibel. Der Schlüsseltext der Genesis war gelb hervorgehoben. Die Seiten blätterten dann langsam vorwärts, wobei die Hervorhebungen weiterliefen. Ich verstand sofort, dass der hervorgehobene Text ein versteckter Code war, der *das Prinzip* der Lehren Jesu enthüllte, das ich im Alter von acht Jahren wiederentdeckt und mit der Welt geteilt hatte.

Der visionäre Zustand dauerte eine unbestimmte Zeit, aber als er zu Ende war, entspannte sich mein Körper und ich fiel in einen tiefen Schlaf. Als ich ein paar Stunden später von meinem Wecker geweckt wurde, war die Vision noch frisch in meinem Gedächtnis. Ich eilte in mein Büro, um zu vergleichen, was mir gezeigt wurde und was in meinen verschiedenen Bibelübersetzungen stand.

Ich schlug Genesis 1 auf und zu meinem großen Erstaunen lag der Code deutlich sichtbar vor mir, eingebettet an der Stelle, an der ich ihn am wenigsten erwartet hatte. Die Bedeutung war so offensichtlich, dass ich mich fragte, wie ich sie vorher übersehen konnte. Schließlich hatte ich die Genesis im Laufe der Jahre immer wieder gelesen und mit jedem Mal war sie mir unsympathischer geworden. Offensichtlich hatte ich in meiner Jugend nicht die "Augen zum Sehen" gehabt. Jetzt konnte ich erkennen, dass die Lehren Jesu, wenn sie wahr sind, auf dem verborgenen *Prinzip* der Genesis beruhen müssen.

Betrachten wir nun Jesus und seine Jünger. Wie wir in der Einleitung erörtert haben, wird Jesus zitiert, dass er zu seinen Jüngern sagte (wie in den Büchern Matthäus, Markus und Lukas berichtet wird), dass er für die Massen nur in Gleichnissen sprach, um die Wahrheit vor ihnen zu verbergen. Es ist unwahrscheinlich, dass ein Jünger versteht, was er noch nicht zu verstehen bereit ist. Man muss erst zählen lernen, bevor man addieren oder subtrahieren kann. Aufgrund der vielen Ungereimtheiten zwischen den vier kanonischen Berichten über das Leben Jesu in Matthäus, Markus, Lukas und Johannes vermute ich, dass diejenigen, die diese Geschichten geschrieben haben, nicht über die Grundlagen verfügten, um den Code zu verstehen und wahrscheinlich nie direkte Schüler von Jesus waren. In diesem letzten Punkt ist sich die große Mehrheit der Bibelwissenschaftler einig.

Bei meinen Recherchen für dieses Buch fand ich heraus, dass das älteste erhaltene Evangelium das Markusevangelium ist, auf dem offenbar die anderen Evangelien, Matthäus, Lukas und Johannes beruhen. Die große Mehrheit der Neuen Testaments-Wissenschaftler glaubt, dass das Markusevangelium um 70 n. Chr. geschrieben wurde, etwa vier Jahrzehnte nach dem angeblichen Tod Jesu.

Als Beweis für die späte Datierung verweisen sie auf Details bei Markus über den ersten römisch-jüdischen Krieg sowie auf die Erwähnung der Schlacht innerhalb der Mauern Jerusalems, als die Römer Jerusalem belagerten. Der Verfasser von Markus, wer auch immer es war, war nicht wirklich ein Jünger Jesu. Auch die Bücher Matthäus, Lukas und Johannes, die Jahrzehnte nach dem Markusevangelium geschrieben wurden, scheinen von Personen verfasst worden zu sein, die die Ereignisse im Leben von Jesus nicht miterlebt haben.

Wenn die biblischen Berichte über das Leben Jesu auf Hörensagen beruhen, auf falschen Auffassungen und dem Wunsch, einen wachsenden Glauben zu popularisieren, wie können wir ihnen dann vertrauen? Wenn ich ehrlich bin, kann ich das nicht. Aber wie die kommenden Kapitel zeigen werden, enthält die Genesis das transformative *Prinzip*, die Wahrheit, die viele von uns suchen.

Ganz gleich, wie viele Menschen *das Prinzip* lehren, wenn sie es ehrlich lehren, ist es dasselbe *Prinzip*. In diesem Sinne gilt meine Treue *dem Prinzip*, nicht einem bestimmten Lehrer, auch nicht Jesus.

Das Prinzip ist universell und primär, analog zur Mathematik. Niemand besitzt die Mathematik. *Das Prinzip* ist nicht das *Prinzip* Jesu und es ist auch nicht *das Prinzip* dessen, der es in der Genesis kodiert haben mag. Es ist einfach *das Prinzip.*

Das Prinzip ist so einfach, dass es, wenn man es einmal gesehen hat, nicht mehr zu übersehen ist. Allerdings ist es anfangs etwas subtil, weil es kontraintuitiv ist. Bei wiederholtem Kontakt öffnet sich das Gehirn jedoch dafür. Wenn wir uns diese Wahrheit zu eigen machen, wird sie beginnen, das Gefängnis des Verstandes zu entwirren und eine größere Tiefe in uns zu offenbaren, als wir es für möglich gehalten hätten.

Erwarte nicht, dass du Berge versetzen, auf dem Wasser gehen oder Tote auferwecken können wirst, zumindest war das bisher nicht meine Erfahrung. Sollte *das Prinzip* in irgendeiner Weise beleidigend sein, dann sei dir bitte bewusst, dass das nicht meine Absicht ist, obwohl Beleidigung eine instinktive Reaktion auf das sein kann, was beruhigende Überzeugungen bedroht.

Ich habe festgestellt, dass Bequemlichkeitsglauben nicht mit *dem Prinzip* vereinbar ist. Wenn du mit dem *Prinzip* arbeitest, wirst du, wie ich, vielleicht feststellen, dass du keine Bequemlichkeits-Glaubenssätze mehr brauchst. Solange du dich an das *Prinzip* hältst, wirst du sehen, dass du stark genug bist, um mit den emotionalen Wechseln des Lebens direkt umzugehen, ohne die emotionale Isolierung zu brauchen, die Bequemlichkeits-Glaubenssätze bieten. Aber sei gewarnt: Wenn du erst einmal erkannt hast, was ich hier beschreibe, kannst du es nicht mehr rückgängig machen, so sehr du es auch versuchst.

Teil 2

Die Entwicklung der Augen zum Sehen

Bevor wir den Code definieren, sollten wir darüber sprechen, was er nicht ist. Die Genesis bietet, ähnlich wie die Schöpfungsmythologien auf der ganzen Welt, viele Informationsschichten, aber nur eine dieser Schichten stellt den Code dar. Ein Leser, der nicht in der Lage ist, die verschiedenen Ebenen zu entschlüsseln, wird ihn mit ziemlicher Sicherheit nicht erkennen.

Mit dem Ziel, den Blick zu schärfen, werden in Teil 2 die Schichten der Genesis, die nicht zum Code gehören, analysiert und in ihre Einzelheiten zerlegt.

Um dieses Ziel zu erreichen, werden wir uns in Kapitel 5 mit der Kraft der Schöpfungsmythologie und deren gemeinsamen

Elementen vertraut machen, die überall auf der Welt zu finden sind.

In Kapitel 6 betrachten wir die Genesis speziell durch die Brille der Schöpfungsmythologie, wie wir es in Kapitel 5 gelernt haben, damit wir uns die Schichten der Genesis bewusst machen können.

In Kapitel 7 untersuchen wir die vielen wesentlichen Eigenschaften und Eigenheiten der Genesis. Ohne die Eigenheiten der Genesis gäbe es keinen Code. Die Aufmerksamkeit für die ungewöhnlichen Aspekte des Textes wird uns helfen, unsere Augen für den Code zu schärfen, wenn wir Teil 3 beginnen.

In Kapitel 8 untersuchen wir, wie unsere Vorstellungen von der Natur Gottes und der Realität unsere Wahrnehmung des Codes verzerren können. Ich weise auch auf die Fallen des blinden Glaubens hin, damit wir beginnen können, sie zu durchschauen und einen angeborenen, natürlichen Sinn für das Unendliche zu entdecken.

Kapitel 5

Die Macht der Schöpfungsmythologie

Auf eine Weise, die ich nicht nachvollziehen kann, hat der Kodex Tausende von Jahren in schriftlicher Form und möglicherweise noch viel länger in mündlicher Form überlebt. Seine Unversehrtheit ist erstaunlich, wenn man die vielen Maßnahmen bedenkt, die getroffen wurden, um den Kodex vor aller Augen zu verbergen und die vielen Schritte auf dem Weg, auf dem er völlig hätte verloren gehen können.

Nahezu jede alte Kultur auf der ganzen Welt hat eine eigene Schöpfungsmythologie. Obwohl diese Geschichten von Kultur zu Kultur sehr unterschiedlich sind, haben sie unabhängig von ihrer Form in der Regel bestimmte Elemente gemeinsam, die das Überleben der Gesellschaften, die sie übernommen haben, sichern helfen. Da wir uns mit dem Schöpfungsmythos des Judentums befassen werden, ist es ratsam, diese gemeinsamen Elemente zu verstehen, denn sie werden uns helfen, Vorurteile zu überwinden, die in uns schlummern könnten. Die Beseitigung unserer Vorurteile ist die Voraussetzung dafür, dass wir den Code sehen und schätzen können.

Im Gegensatz zu den meisten anderen Tieren haben wir Menschen keine Reißzähne, kein Fell und keine Klauen, sodass unser Überleben stark von kulturellem Zusammenhalt abhängt. Obwohl die Gruppenzugehörigkeit selbst in den technologisch fortschrittlichsten Ländern eine große Rolle für das menschliche Wohlergehen spielt, verlassen sich Völker, die eher primitiv leben, mehr auf den Gruppenzusammenhalt, um zu überleben, als diejenigen, die in der Welt der Hochtechnologie leben.

Oft sind Schöpfungsgeschichten Überlebenshilfen, ohne die die Menschheit vielleicht nicht lange genug überlebt hätte, um in das Zeitalter der Wissenschaft einzutreten. Ironischerweise fällt es uns im bequemen Zeitalter der Wissenschaft leicht, die Schöpfungsgeschichten unserer Vorfahren als albernen und unnötigen Aberglauben abzutun, der zum Wohle der Menschheit abgeschafft werden sollte.

Für den modernen, in der Regel säkularen, Geist mag die Kombination aus Wissenschaft, Philosophie und politischer Ideologie ähnliche Funktionen erfüllen wie die Mythologie. Ob diese Elemente den gleichen Grad an Gruppenkohäsion und langfristiger Überlebensfähigkeit erreichen, ist ungewiss, aber die Frage wird zunehmend diskutiert, da unsere Gesellschaften scheinbar immer schneller an sozialer, wirtschaftlicher und ökologischer Stabilität verlieren.

Auch wenn wir uns dazu verleitet fühlen, sollten wir die Schöpfungsmythologie nicht zu oberflächlich oder abwertend betrachten. Dadurch würden wir die tieferen Elemente der

Schöpfungsmythologie übersehen, die sich für unser langfristiges Überleben als entscheidend erweisen könnten. Schauen wir uns die Hauptelemente an, die den meisten Schöpfungsgeschichten gemeinsam sind, um ein Verständnis für ihre Funktion zu bekommen.

Das erste Element, das vielen Schöpfungsmythen auf der ganzen Welt gemeinsam ist, ist das Übernatürliche, meist in Form eines oder mehrerer Schöpfer. Das übernatürliche Element bietet gemeinsame Ziele für die Verehrung der Gesellschaft, ein gemeinsamer höchster Wert. Ob es sich bei dem Schöpfer um ein Wesen oder um viele handelt, scheint weniger wichtig zu sein als die gemeinsame Übereinkunft der Menschen, dieses Wesen oder diese Wesen zu respektieren und zu verehren.

Im Allgemeinen steht das übernatürliche Element für Polytheismus, die Anbetung mehrerer Götter. Polytheismus ist in vielen Kulturen der Welt zu finden. In Japan wird der Shintoismus oft als Beispiel für Polytheismus angesehen, weil er für so gut wie alles einen eigenen Geist oder eine eigene Gottheit beansprucht. Dem Shintoismus zufolge existiert die Kami (Gottheit) in allen Dingen der Natur und im gesamten Universum.

Wenn wir uns Kulturen genauer ansehen, die polytheistisch zu sein scheinen, finden wir in der Regel Pantheismus, d. h. den Glauben, dass das Universum Ausdruck des Göttlichen ist oder Henotheismus, d. h. den Glauben, dass mehrere niedere Götter Ausdruck einer übergreifenden, einzigartigen Gottheit sind, die in allem präsent ist.

Nehmen wir zum Beispiel das Volk der Lakota in den Great Plains der Vereinigten Staaten, das wegen seines Glaubens an Naturgeister oft für polytheistisch gehalten wird. Sie glauben auch an Wakan Tanka, was mit „Der große Geist" übersetzt wird. Wakan Tanka ist nach dem Glauben der Lakota das Heilige in allen Dingen. Der große Geist hält das Universum und die Götter zusammen.

Eine andere Religion des Ostens, der Hinduismus, wird gemeinhin als polytheistisch angesehen, obwohl er auch pantheistisch oder henotheistisch sein kann. Im Hinduismus wird alles als Ausdruck des Göttlichen betrachtet, aber innerhalb des Göttlichen gibt es viele Gottheiten. Solange die Gesellschaft als Ganzes für die Idee offen ist, dass jeder und alles ein Ausdruck des Göttlichen ist, kann der soziale Zusammenhalt aufrechterhalten werden.

Der Monotheismus, d. h. die Verehrung einer einzigen Gottheit, ist historisch gesehen ein recht neues Konzept und wird hauptsächlich mit dem modernen Christentum, Judentum und Islam in Verbindung gebracht. Dennoch ist vieles von dem, was als Monotheismus gilt eher Henotheismus. So neigen Muslime und Juden dazu, das Christentum nicht als Monotheismus, sondern als Henotheismus zu bezeichnen, da Gott nach christlichem Glauben trinitarischer Natur ist und aus dem Vater, dem Sohn und dem Heiligen Geist besteht. Der Henotheismus vertritt die Auffassung, dass mehrere Gottheiten Ausdruck einer göttlichen Essenz sind, was auch der Auffassung der Hindus von Gott entspricht. Der einzige Unterschied besteht in der Anzahl der Vertreter Gottes. Im Christentum gibt es drei in einem, wenn man von den Engeln absieht, während es im Hinduismus unzählige Götter in einem gibt.

Auf jeden Fall gibt es in den verschiedenen Gesellschaften eine Reihe unterschiedlicher, religiöser Überzeugungen und viele dieser religiösen Gesellschaftsstrukturen bestehen schon seit Tausenden von Jahren. Solange die Mehrheit der Menschen in einer Gesellschaft den gemeinsamen höchsten Wert akzeptiert, sei es die Verehrung mehrerer Götter, eines übergeordneten Gottes mit Ausprägungen als niedere Götter oder eines einzigen Gottes, der völlig unabhängig von der Körperlichkeit ist, scheint der gemeinsame Glaube den sozialen Zusammenhalt zu fördern.

Der Glaube an einen gemeinsamen höchsten Wert scheint für das langfristige Überleben von Gesellschaften auf der ganzen Welt wesentlich gewesen zu sein und ist es möglicherweise noch immer. Die übernatürliche Erzählung lieferte diesen gemeinsamen Wert. Es scheint, dass der gemeinsam geteilte Wert und der Sinn, den das Übernatürliche bietet, der primäre Nutzen war, aber es gibt auch noch andere Vorteile.

Das übernatürliche Element der Mythologie liefert die einfachen Antworten auf Fragen nach dem Ursprung des Volkes, der Heimat, des Planeten oder des Universums. Im Schöpfungsmythos der Lenape-Völker Nordamerikas beispielsweise wird die Erde auf dem Rücken einer riesigen Schildkröte gehalten, während der Hindu-Mythos besagt, dass riesige Elefanten die Erde stützen.

Diese Geschichten stillten die Neugier der Menschen, zumindest bis die Wissenschaft sie als unzureichend erwies. Ohne Wissenschaft waren diese Geschichten alles, was wir hatten, um unbeantwortbare Fragen zu beantworten. Denke daran, dass Führungspersönlichkeiten Anhänger anziehen, weil sie selbstbewusst auftreten. Ein Anführer, der sagt: „Ich weiß es nicht", ist für die Massen unsympathisch, auch wenn „Ich weiß es nicht" oft die ehrliche Antwort wäre.

Egal wie ausgeklügelt eine Schöpfungsgeschichte ist, sie kann einen Geist, der entschlossen ist, die Ursache der Existenz zu verstehen, nie wirklich zufriedenstellen. Personen, die die Geschichte offen infrage stellen, werden oft als Ausreißer betrachtet und manchmal aus der Gruppe geächtet, weil sie die Verehrung nicht teilen. Abgesehen von den Ausreißern scheinen die mythologischen Antworten auf die Fragen nach dem Ursprung die meisten Kinder zufrieden zu stellen, was die älteren Mitglieder der Gesellschaft von den vielen Fragen, die nicht beantwortet werden können, verschont. Wenn du sehr wissbegierige Kinder großgezogen hast, kannst du das vielleicht nachempfinden.

Ein wesentlicher Vorteil von Schöpfungsgeschichten ist ihre zentrale Bedeutung für die Schaffung und Aufrechterhaltung sozialer Normen. Im Kojiki, dem japanischen Schöpfungsmythos, gibt es zum Beispiel zwei Götter, die gemeinsam die japanischen Inseln erschaffen haben. Ein Gott ist männlich (Izanagi) und der andere weiblich (Izanami). Bei der Hochzeitszeremonie ergreift die Frau in unangemessener Weise die Initiative und spricht den Mann zuerst an. Diese Handlung verstößt gegen die alten japanischen Kulturnormen, wonach der Mann die Frau zuerst ansprechen muss, weil die männliche Energie als durchsetzungsfähig wie ein Penis gilt, während die weibliche Energie als empfänglich wie eine Vagina eingestuft wird.

Die Geschichte besagt, dass ihr erster Sprössling als Folge des Fauxpas missgebildet zur Welt kam. Um das Problem zu beheben, mussten sie die Hochzeitszeremonie wiederholen und darauf achten, dass der Mann die Frau zuerst ansprach. Diese Schöpfungsgeschichte scheint ein soziales Protokoll zu bekräftigen, in dem von Männern erwartet wurde, die Führung zu übernehmen.

Ohne den Kitt, den die sozialen Normen bieten, scheint eine Gesellschaft unter dem Druck des primitiven Lebens, das eine klare Trennung der Rollen und der Arbeit zwischen den Geschlechtern, Altersgruppen und manchmal auch zwischen den Klassen erfordert, nicht zusammenhalten zu können. Die Arbeitsteilung ist in die Geschichten eingearbeitet, in denen Männer eine bestimmte Rolle spielen und bestimmte Aufgaben übernehmen, während Frauen eine andere Rolle spielen und andere Aufgaben übernehmen. Insgesamt gesehen funktioniert diese Strategie unabhängig davon, wie die einzelnen Stämme die Aufgaben verteilen.

Viele Schöpfungsmythen vermitteln nicht nur einen gemeinsamen höchsten Wert, beantworten Ursprungsfragen und schützen kulturelle Normen, sondern rechtfertigen auch das Recht eines Volkes auf das Land, das es bewohnt. Einige Geschichten gehen noch weiter und rechtfertigen das Recht des Volkes, anderen, "weniger gottesfürchtigen" Völkern, Land wegzunehmen oder sie zu versklaven.

Die gewaltsame Aneignung von Land und Ressourcen ist sicherlich eine hässliche Tendenz, aber sie findet sich in den Lebensformen vieler Lebewesen wieder, nicht nur bei uns Menschen. Der Unterschied zwischen Menschen und Tieren besteht darin, dass der Mensch das Bedürfnis zu haben scheint, Erzählungen zu schaffen, um sein Gewissen zu beruhigen. Schöpfungsgeschichten dienen in manchen Fällen dazu, das zu rechtfertigen, was sonst vor dem Gewissen nicht zu rechtfertigen wäre.

Um fair zu sein, haben bestimmte religiöse Überzeugungen den gegenteiligen Effekt, indem sie Menschen von solch aggressiven Handlungen abhalten. Zum Beispiel hat die Idee, dass alle Menschen gleich geschaffen sind, die ein fester Bestandteil des Christentums ist, dazu beigetragen, die Bewegungen zur Beendigung der Sklaverei und zur Schaffung gleicher Rechte vor dem Gesetz unabhängig von Hautfarbe oder Geschlecht zu unterstützen.

Abgesehen von diesen Gemeinsamkeiten neigen Schöpfungsmythen weltweit auch dazu, die Ursachen von Krankheit und Tod in Ermangelung eines wissenschaftlichen

Verständnisses dieser Dinge zu erklären und zu zeigen, wie man in gesunder Gemeinschaft mit den Gottheiten leben kann, von denen man oft annimmt, dass sie die Flora und Fauna der Umgebung sind oder sie zumindest repräsentieren. Schöpfungsmythen lehren auch Moral und Ethik, Lieder, Genealogien, Gesetze und halbgeschichtliche Berichte, d. h. Berichte, die nur sehr lose auf wahren Geschichten beruhen.

Die Mythologie nur durch die Brille wissenschaftlicher Fakten zu interpretieren, hieße, ihre vielen Schichten und Zwecke zu übersehen. Zwecke, die für das Überleben der Stämme zur Zeit der Schöpfung des Mythos wesentlich waren. Obwohl ein Großteil des Inhalts der Schöpfungsgeschichten wenig oder gar keine offensichtliche Relevanz für das moderne Leben hat, können diese Erzählungen dennoch Elemente enthalten, die sich für den modernen Menschen als hilfreich oder gar notwendig erweisen. Es sind Elemente, für die die Wissenschaft schlecht gerüstet ist.

In der modernen Welt wird nach wie vor viel über den Wert von Schöpfungsgeschichten und die menschliche Tendenz, religiöse Erzählungen zu übernehmen, diskutiert. Die Debatte wird von vier Hauptgruppen geführt, die die Geschichten auf unterschiedliche, aber oft vorhersehbare Weise darstellen.

Die erste Gruppe besteht aus fundamentalistischen Gläubigen, die der Meinung sind, dass die Geschichten die Schöpfungsgeschichte wiedergeben, eine Ansicht, die fast ausnahmslos im Widerspruch zu wissenschaftlichen Erkenntnissen steht.

Die zweite Partei zeichnet sich durch die Behauptung aus, dass wissenschaftliche Ansichten an die Stelle religiöser Erzählungen treten, die als Aberglaube abgetan werden. Wir können sie als die "Neuen Atheisten" bezeichnen. Sie ziehen nicht in Betracht, dass die Tendenz des Menschen, religiöse Erzählungen zu schaffen, instinktiv sein könnte. Wir sehen, dass diese beiden ersten Stimmen kategorisch gegensätzlich sind, und ich würde vorschlagen, dass keine von ihnen für unsere Zwecke hier von Belang ist.

Die dritte Gruppe fällt insgeheim unter den Begriff der Gläubigen, die ihre heiligen Geschichten als Metaphern interpretieren, welche die für eine gesunde Gesellschaft notwendigen Werte vermitteln sollen. Wenn man diese soziologische Haltung unter Druck setzt, kommt oft zum Vorschein, dass diejenigen, die sie vertreten, in der Tat an eine übernatürliche Gottheit glauben. Wir könnten diese Menschen als gläubige Laien bezeichnen.

Schließlich argumentiert eine kleinere, wachsende Gruppe innerhalb der wissenschaftlich orientierten Gemeinschaft, dass es möglicherweise echte biologische Gründe für die religiöse Perspektive gibt. Sie schlagen vor, dass wir nicht vorschnell über die religiöse Tendenz urteilen sollten, die eine Voraussetzung für eine gesunde Gesellschaft sein kann.

Diese wissenschaftlich orientierten Forscher argumentieren, dass ohne Religion eine materialistische Ideologie die Leere ausfüllen wird und möglicherweise größere Probleme verursacht als die Religion. Das von ihnen am häufigsten angeführte Beispiel für eine materialistische Ideologie, die die Leere füllt, ist das, was manche als "Identitätspolitik" bezeichnen, eine zeitgenössische Tendenz, sich im Namen der Tugend unhinterfragt und intolerant kategorischen Unterteilungen wie politischen Parteien, sexueller Orientierung, Hautfarbe, Klasse, usw. anzuschließen. Die berühmten Psychologen Carl Jung und Dr. Jordan B. Peterson teilen diese wissenschaftlich geprägte Sichtweise.

Laut Dr. Peterson, einem Verfechter der Jungschen Psychologie, ist jede Idee, die nicht in Frage gestellt werden kann, wie ein Virus, der sich auf jede Person überträgt, die für diese Idee offen ist. Wenn sich der ideologische Virus zu weit verbreitet, führt er unweigerlich zu Tyrannei oder einem totalen Zusammenbruch der Gesellschaft.

Es scheint, dass die modernen Gesellschaften zwischen den Kräften der religiösen Ideologie und der säkularen Ideologie feststecken. Wenn diese Spannung unkontrolliert bleibt, wird sie mit Sicherheit zu einem weltweiten Zusammenbruch der liberalen Werte führen, die die moderne Welt, wie wir sie kennen, inspiriert haben. Eine wachsende Zahl von Menschen würde dieses Ergebnis offen bejubeln. Sie gehen ohne Beweise davon aus, dass das, was nach dem Zusammenbruch kommt, eine Verbesserung sein wird. Wir sollten bedenken, dass es noch nie eine nachhaltige Gesellschaft auf der Grundlage einer materialistischen Ideologie gegeben hat.

Es gibt einen anderen Weg, einen unsichtbaren Pfad, der in der Genesis verschlüsselt ist. Oberflächlich betrachtet mag *das Prinzip* religiös erscheinen, aber wenn wir es in der Tiefe verstehen, können wir erkennen, dass *das Prinzip* weder religiös, materialistisch noch idealistisch ist. *Das Prinzip ist* von ganz anderer Natur.

Kapitel 6

Genesis Schöpfungsmythologie

Kapitel 5 gab uns einen Überblick über gängige mythologische Elemente, um unsere Augen darauf vorzubereiten, Genesis 1-3 durch die Brille der Mythologie zu betrachten. Hier untersuchen wir die Genesis durch diese Linse, um zu sehen, welche dieser Schichten sie enthält.

Um dir zu helfen, den Blick zu schärfen, werde ich auf viele der Elemente hinweisen, die nicht zum Code zählen. Du kannst diese Hinweise nutzen, um einzugrenzen, was deiner Meinung nach der Kodex sein könnte. Wie die folgenden Kapitel zeigen werden, ist fast nichts, was die Menschen in Genesis 1-3 für wichtig halten oder worüber sie streiten, der Code.

Die Genesis beginnt mit einer anthropomorphisierten, übernatürlichen Gottheit, die der Existenz des Universums vorausgeht und dann das Universum, den Himmel, die Erde, die Gewässer, das Land und die Lebewesen ins Leben ruft. Der

Schöpfungsprozess soll sich über einen Zeitraum von sechs Tagen erstrecken, wobei der siebte Tag der Ruhe gewidmet ist.

Der siebte Tag, der sogenannte Sabbat, diente dazu, dem jüdischen Volk vorzuschreiben, jeden Samstag zu beten, zu ruhen und nachzudenken, was sicherlich gut für die physische und psychische Gesundheit ist. Die gesunde Ausübung des Sabbats zählt jedoch nicht zum Code.

Die ersten, drei Kapitel der Genesis dienen unter anderem auch dazu, den Leser über die Beziehung zwischen dem Menschen und dem Unendlichen aufzuklären. Zu diesem Zweck werden wir in Genesis 1 mit dem allmächtigen Schöpfer bekannt gemacht. In Genesis 2 wird uns die liebevolle Beziehung zwischen dem Schöpfer und der Menschheit erklärt. In Genesis 3 wird uns der Riss gezeigt, der zwischen der Menschheit und dem Schöpfer entstanden ist.

Diese Geschichten vermitteln die Vorstellung, dass der Mensch das Potenzial hat, diese Kluft zu heilen und dadurch von Gott angenommen zu werden. Die Juden glauben, dass Menschen aufgrund ungesühnter Sünden in die Gehenna (Hölle) fallen. Statt sich auf die Sünde zu konzentrieren, legt das Judentum den Schwerpunkt auf gute Taten (Mitzvot). In der messianischen Ära, die nach Ansicht der meisten jüdischen Sekten noch nicht angebrochen ist, kann man Vergebung erlangen und angenommen werden, um das Zeitalter des universellen Friedens einzuläuten.

Die erste, offene Beschreibung der Sünde findet sich in 1. Mose 4,3-7, als Kain Gott ein untaugliches Opfer darbringt:

Abel aber hütete Schafe, und Kain bearbeitete den Acker. 3 Im Laufe der Zeit brachte Kain dem Herrn etwas von den Früchten des Bodens als Opfergabe. 4 Und Abel brachte auch eine Opfergabe, nämlich den Fettanteil von den Erstgeborenen seiner Herde. Der Herr schaute mit Wohlgefallen auf Abel und seine Gabe, 5 aber auf Kain und seine Gabe sah er nicht mit Wohlgefallen. Da wurde Kain sehr zornig, und sein Gesicht war niedergeschlagen. 6 Da sprach der Herr zu Kain: „Warum bist du zornig? Warum ist dein Angesicht so finster? 7 Wenn du tust, was recht ist, wirst du dann nicht angenommen werden? Wenn du aber nicht tust, was recht ist, lauert die Sünde vor deiner Tür; sie will dich haben, aber du musst über sie herrschen."

In diesem kurzen Abschnitt steckt die Idee, dass Tugend, die durch gutes Verhalten praktiziert wird, uns erlaubt, von Gott angenommen zu werden. Das Gegenteil, die Sünde, die nach jüdischem Verständnis darin besteht, etwas zu tun, was in Gottes Augen nicht gut ist, bedeutet, nicht von Gott angenommen zu werden. Auf diesen wenigen Passagen beruht das jüdische System der Sühne, das in Exodus, Levitikus, Numeri und Deuteronomium ausführlich dargestellt wird. Diese Unterscheidung zwischen dem, was Gott annimmt und was nicht, zählt nicht zum Code.

In Genesis 2 heißt es, dass der Mann vor der Frau erschaffen wurde und dass die Frau aus dem Körper des ersten Mannes entstanden ist. Diese Vorstellung hat die Auffassung der kulturellen Lehre geprägt, dass die Frau dem Mann folgen soll. In 1. Mose 3 heißt es weiter, wenn der Mann der Frau folgt, führt das zum Abfall von Gottes Gnade. Dies hat zu der Lehre geführt, dass Männer den Frauen nicht folgen sollten. Die Lehren darüber, wer wem folgen sollte, sind ebenfalls nicht Teil des Codes.

Diese Art von Chauvinismus findet sich noch in bestimmten Sekten des Judentums, die die Geschlechter bei vielen Aktivitäten trennen, um den moralischen und geistigen Verfall der Männer durch die sexuellen Verlockungen der Frauen zu vermeiden. Die meisten modernen Juden halten sich nicht mehr an diese Lehre, mit Ausnahme der orthodoxen Juden, wie oben erwähnt.

In Genesis 2 wird die Lage von Eden wie folgt beschrieben:

> 10 Und ein Strom geht von Eden aus, um den Garten zu tränken, und von dort trennt er sich und wird zu vier Häuptern. 11 Der eine *heißt* Pishon; er fließt um das ganze Land Havila herum, wo es Gold *gibt*, 12 und das Gold dieses Landes *ist* gut; es *gibt* Bdellium und den Onyxstein. 13 Der zweite Strom *heißt* Gihon; er fließt um das ganze Land Kusch. 14 Und der dritte Strom *heißt* Hiddekel; er fließt östlich von Assyrien. Und der vierte Strom, der *heißt* Euphrat.

Wie in vielen Schöpfungsmythen wird auch in der Genesis der Ort der Schöpfung genannt. Doch, obwohl die Beschreibung von Eden geografische Markierungen enthält, insbesondere die vier Flüsse, stimmt seine Lage nicht mit modernen, geografischen Karten überein. Vielleicht sollte die Lage von Eden nie einen Sinn ergeben.

Natürlich können diese Geschichten aus mündlichen Überlieferungen stammen, die Zehntausende von Jahren zurückreichen, sodass sich die Flüsse und die Lage des Landes zu dieser Zeit vielleicht von denen heute unterscheiden. Wenn Völker in neue Länder wandern, nehmen sie oft die Namen ihrer früheren Orientierungspunkte mit. Es ist also auch möglich, dass die Namen der Wahrzeichen wiederverwendet wurden, wie York und New York. In jedem Fall ist der Standort von Eden nicht der Code.

Ist Gott einer oder viele, männlich oder weiblich? Wie sieht es mit dem Alter der Schöpfung aus? In der Genesis werden die Generationen gezählt, die seit der Erschaffung Adams und Evas durch Gott geboren wurden, was, wenn es richtig wäre, bedeuten würde, dass die Erde weniger als 10.000 Jahre alt ist. Das ist nicht der Code. Fast nichts in der Genesis, worüber die Menschen streiten, stellt den Code dar.

Kapitel 7

Die DNA der Genesis

Obwohl die Genesis viele Elemente mit den Schöpfungsgeschichten auf der ganzen Welt gemeinsam hat, machen Eigenheiten auf der Makro- und Mikroebene der Geschichte sie einzigartig. Da unsere Anerkennung des Codes davon abhängt, dass wir einige dieser ungewöhnlichen Aspekte anerkennen, brauchen wir einen ehrlichen Blick auf die wesentlichen Qualitäten und die Einzigartigkeit der Genesis, um unseren Blick zu schärfen.

Die erste und offensichtlichste Merkwürdigkeit in Bezug auf Genesis 1-3 ist nicht so sehr der Text selbst, sondern die Art und Weise, wie die jüdisch-christliche Religionsgemeinschaft die öffentliche Wahrnehmung des Wesens des Unendlichen verzerrt hat, sodass die Genesis den Anschein erweckt, etwas zu sagen, was in Wirklichkeit nicht im Text steht. Die meisten Schöpfungsmythologien der Welt sind entweder pantheistisch oder henotheistisch. Zur Erinnerung: Pantheismus ist der Glaube, dass alles das Unendliche ist. Henotheismus, griechisch für „von einem Gott", ist die Verehrung eines einzigen, höchsten Gottes, ohne die mögliche Existenz anderer niederer Gottheiten zu leugnen. Es könnte auch bedeuten, dass das Unendliche ein einziges, göttliches Wesen ist, das viele Aspekte hat, die als kleine „g"-Götter dargestellt werden.

Je nach der subjektiven Sichtweise des Einzelnen können Pantheismus und Henotheismus dasselbe oder sehr unterschiedliche Dinge bedeuten. Es ist wie in dem alten, indischen Gleichnis von den blinden Männern und dem Elefanten. Ohne eine Vorstellung von einem Elefanten zu haben, treffen sie zum ersten Mal auf einen Elefanten. Der eine, der nur den Rüssel ertastet, hält ihn für eine Riesenschlange. Ein anderer, der ein Bein ertastet, behauptet, es sei ein Baumstamm. Ein anderer fühlt nur den Schwanz und behauptet, es sei ein Seil. Jede Teilerfahrung des Ganzen wird fälschlicherweise für das Ganze gehalten.

Anhänger des Henotheismus können sich darüber streiten, welche Darstellung des Göttlichen die höchste ist. Einige Hindus behaupten zum Beispiel, Vishnu sei der höchste Gott, während andere für Shiva plädieren. Sie neigen dazu, zumindest die Existenz der anderen Gottheit zu akzeptieren. Der Unterschied besteht nur darin, welche den höchsten Wert darstellt. Die alten Juden (vor Moses) haben andere Götter nicht unbedingt geleugnet. Die erste, aufgezeichnete „Leugnung" anderer Götter soll später durch Moses erfolgt sein, wie man im Buch Deuteronomium 4:35 (7. Jahrhundert v. Chr.) nachlesen kann:

> Das ist euch gezeigt worden, damit ihr erkennt, dass der Herr Gott ist und dass es außer ihm keinen anderen gibt.

Auf den ersten Blick scheint der obige Text ausschließend zu sein, aber wenn wir über die Aussage des Unendlichen in Kapitel 2 nachdenken, können wir erkennen, dass es sich stattdessen um eine alles einschließende Aussage handeln könnte. „Es gibt nichts anderes" bedeutet, dass das Unendliche alles ist. Auf jeden Fall wird das Unendliche in Genesis 1-3 zur Bestürzung vieler religiöser Führer in einer pantheistischen oder henotheistischen Weise dargestellt, wie im Text selbst zu sehen ist.

Trotz der textlichen Beweise in der Genesis lehnen religiöse Führer den Pantheismus oder Henotheismus ab und behaupten stattdessen, dass es nur einen Gott gibt, der außerhalb der Schöpfung wohnt, ein Glaube, der als Monotheismus bezeichnet wird. Damit wir uns nicht darüber streiten, was der Text zeigt, sollten wir alle Vorurteile, die wir vielleicht gegenüber der Geschichte haben, zumindest vorübergehend beiseite legen. Auf diese Weise können wir mit offenem Herzen und klarem Blick forschen, Eigenschaften, die für das Erkennen und Anwenden *des Prinzips* des Codes unerlässlich sind.

Nachfolgend findest du die beiden Zitate aus der Genesis, die der monotheistischen Sichtweise widersprechen. Bitte beachte die unterstrichenen Schlüsselwörter, denn sie liefern den Beweis, den wir suchen:

1:26 Und ELOHIM sagte: „Lasst <u>uns</u> Bodenwesen nach <u>unserem</u> Bild machen, nach <u>unserem</u> Ebenbild, und lasst sie herrschen über die Fische im Meer und über die Flieger der Lüfte, über die Tiere und über das ganze Land und über alles, was sich auf dem Land bewegt."

> **3:22** Und YHVH ELOHIM sagte: „Seht, das Bodengeschöpf ist wie einer von <u>uns</u> geworden, es[78] weiß, was gut und böse ist; und nun, damit es nicht seine Hand ausstreckt und vom Baum des Lebens nimmt, davon isst und ewig lebt...!"

Die Verwirrung rührt zum Teil daher, dass der Monotheismus ein sehr junger Begriff ist, der vom britischen Philosophen Henry More (1614-1687 n. Chr.) geprägt wurde. Moderne Menschen neigen dazu, davon auszugehen, dass es das Konzept des Monotheismus schon seit Tausenden von Jahren gibt, obwohl das vielleicht gar nicht der Fall ist.

Aufgrund der Pluralpronomen in Genesis 1-3 sind sich die Bibelwissenschaftler weitgehend einig, dass es sich bei den Sichtweisen, die dargestellt werden, vermutlich eher um Pantheismus oder Henotheismus handelt. Die meisten alten Kulturen waren entweder pantheistisch oder henotheistisch. Mein Argument ist nicht, dass wir an einen Gott oder viele Götter glauben sollten, sondern dass wir uns unvoreingenommen auf das konzentrieren sollten, was der Text tatsächlich enthält und das scheint in diesem Fall nicht der Monotheismus zu sein.

Seltsamerweise wird Gott im gesamten Text mit dem Pronomen „Er" bezeichnet, was verwirrend ist, weil Gott auch im Plural beschrieben wird, wie wir in den obigen Zitaten gesehen haben. Um diese Unstimmigkeit der Pronomen zu verstehen, sollten wir bedenken, dass Hebräisch eine grammatikalisch geschlechtsspezifische Sprache ist, wie das Lateinische, was bedeutet, dass allen Substantiven ein Geschlecht zugeordnet ist. Aufgrund der sprachlichen Struktur des Hebräischen muss sogar das Wort „Gott" mit einem geschlechtsspezifischen Pronomen

---

[78] Oder „von ihm", das Pronomen kann hier „wir" oder „er" bedeuten.

versehen werden. Das Geschlecht ist für das Unendliche eindeutig irrelevant, daher ist es hilfreich, wenn wir das Geschlecht aus unseren Gedanken streichen, wenn es um das Unendliche geht.

Die Schöpfungsmythologie in der Genesis ist noch in einer anderen wichtigen und offensichtlichen Hinsicht ungewöhnlich: Sie scheint zwei, verschiedene und weitgehend unvereinbare Schöpfungsgeschichten zu enthalten. Obwohl sich die Bibelwissenschaftler überwiegend einig sind, dass in der Genesis zwei verschiedene Schöpfungsgeschichten vorkommen, lehnen die Geistlichen diese Idee fast ausnahmslos ab. Dabei ist die Beobachtung zweier unvereinbarer Schöpfungsmythen in der Genesis nichts Neues. Vor etwa 2.000 Jahren kommentierte Philo Judaeus von Alexandria, ein jüdischer Philosoph, die Widersprüche in Genesis 1 und 2. Er sah die Widersprüche jedoch nicht als Problem an, da er die Geschichten eher als allegorische Darstellungen denn als historische Schöpfungsberichte betrachtete.

Der paradigmatische Wechsel von der historischen Darstellung zur Allegorie ist kein Schritt, den die Mehrheit der modernen religiösen Ältesten zu gehen bereit war. Das religiöse Beharren darauf, dass es sich bei den Geschichten um genaue historische Darstellungen handelt, führt dazu, dass diese Führer ihre Herzen und ihren Verstand vor anderen Möglichkeiten verschließen. Mit einer solch verschlossenen Sichtweise kann man den Code nicht entdecken. Wir sollten uns davor hüten, unsere Herzen und unseren Verstand auf diese Weise zu verschließen.

Um die beiden Geschichten zu sehen, schlage *Das Buch Genesis* am Ende dieses Buches auf und beachte, dass die erste Schöpfungsgeschichte bei Genesis 1 beginnt und bis Genesis 2:3 reicht. Die zweite Schöpfungsgeschichte geht von 1. Mose 2,4 bis

1. Mose 2,9. Die Ungereimtheiten und Widersprüche zwischen den beiden Geschichten sind zu zahlreich, als dass man sie hier vollständig aufzählen könnte. Einige sind recht einfach zu erkennen, während andere nur mit einem geschulten Auge und ein wenig Spürsinn zu entdecken sind. Ich werde nun auf einige der wichtigsten Punkte hinweisen und den Rest den Bibelwissenschaftlern überlassen.

Die wohl offensichtlichste Ungereimtheit ist in der Namensgebung Gottes zu sehen, die sich in den beiden Geschichten unterscheidet. Wenn du den Text aufmerksam liest, wirst du feststellen, dass der Schöpfer in der ersten Schöpfungsgeschichte ausschließlich ELOHIM genannt wird. In der zweiten Schöpfungsgeschichte wird der Schöpfer, mit sehr wenigen Ausnahmen, YHVH ELOHIM genannt. Die meisten modernen, englischen Bibeln übersetzen YHVH mit „HERR" und ELOHIM mit „GOTT", sodass man in einer modernen, englischen Bibel den Schöpfer in 1. Mose 1-2:3 als „Gott" oder „GOTT" und ab 1. Mose 2:4 im Allgemeinen als „HERR GOTT" oder „Herr Gott" bezeichnet.

Anthropologische Untersuchungen zeigen, dass es zwei jüdische Stämme gab, die sich im Laufe der Zeit vermischten. Die nördlichen Stämme Judas, die JHVH (Jahwe) anbeteten und die südlichen Stämme, die Israeliten, die in dem Gebiet lebten, das heute als Israel, Palästina und Libanon bekannt ist. Die Anbetung der Israeliten wird im Buch der Richter 10:6 beschrieben, wo es heißt, dass die Israeliten „den Baals und den Aschtoreths dienten und den Göttern von Aram, den Göttern von Sidon, den Göttern von Moab, den Göttern der Ammoniter und den Göttern der Philister".

Offenbar waren dies die traditionellen Götter, die die alten Israeliten kollektiv ELOHIM nannten. El war ein allgemeiner

Begriff für „Gottheit" und wurde verwendet, um alle Götter zu beschreiben, die in der Region verehrt wurden. ELOHIM ist der Plural von El und spielt auf den Henotheismus an. Obwohl ELOHIM im modernen Judentum üblicherweise als singulärer Gott übersetzt wird, war das vor der Vereinigung der Stämme nicht der Fall. Wenn wir uns die Namen der Engel ansehen, können wir sehen, dass sie auf „el" enden – Michael, Raphael, Gabriel und Uriel.

Viele Gelehrte spekulieren, dass die Verschmelzung der Götter, die ELOHIM ausmachten, die spätere jüdische Vorstellung von Gott und seinen Engeln sowie das griechische Pantheon mit Zeus an der Spitze inspirierte. Auf jeden Fall repräsentierte ELOHIM vor der Einigung der Stämme viele Götter.

Bibelwissenschaftler argumentieren, dass die Homogenisierung der Schöpfungsmythen erforderlich war, um die Harmonie zwischen den fusionierenden Stämmen zu fördern. Genesis 1-3 scheint die Homogenisierung zu bestätigen. Also lass uns diese Idee ein wenig näher untersuchen.

Es scheint, dass JHWH-Gläubige (von denen man annimmt, dass sie den Begriff wie „Jahwe" oder „Jehova" aussprachen), die von Bibelwissenschaftlern als „Jahveisten" bezeichnet werden, JHWH als den einzigen, wahren Schöpfer des gesamten Kosmos ansahen. Somit war es ihnen verboten, anderen Göttern zu folgen. ELOHIM-Gläubige wurden durch die Verschmelzung der Schöpfungsgeschichten und der Namen ihrer Gottheiten, JHWH und ELOHIM, in die Religion JHWHs aufgenommen. Diese Verschmelzung ist in Genesis 2 zu sehen, wo der Name des Schöpfers YHVH ELOHIM lautet.

Während der Zeit des Zweiten Tempels galt es als Tabu, den Namen „Jahwe" auszusprechen, weshalb es jüdische Praxis ist, das Tetragrammaton (JHWH) durch das Wort „Adonai" zu ersetzen, was „Herr" bedeutet.

Ein weiterer Beleg für die unterschiedlichen Ursprünge der beiden Schöpfungsgeschichten sind ihre unterschiedlichen Schwerpunkte. Die erste Geschichte schildert die kosmische Schöpfung ohne besonderen Fokus auf den Menschen. Die Erschaffung des Menschen wird erst am sechsten Tag, dem letzten Tag der Schöpfung, erwähnt.

Die zweite Geschichte, die nicht wie die erste Geschichte nach Tagen geordnet ist, konzentriert sich in erster Linie auf die Erschaffung von Adam und Eva. Erst nach der Erschaffung des ersten Menschen erschafft der Schöpfer andere Dinge wie Pflanzen, Tiere und den Garten „Eden", in dem der Mensch leben und für den er sorgen sollte. Die Beschreibung der zweiten Schöpfungsgeschichte beginnt in Genesis 2,4:

4 Dies *sind* die Anfänge des Himmels und des Landes[31], als sie geschaffen wurden. *Am* Tag der Erschaffung von YHVH [33]ELOHIM, Land und Himmel, **5** und kein Strauch des Feldes war vorher auf dem Land, und keine Pflanze des *Feldes* hatte vorher gesprossen – denn YHVH ELOHIM hatte keinen Regen[c] auf dem Land gemacht, und es *gab* kein Bodengeschöpf, das den Boden bediente; **6** und ein Strom stieg aus dem Land auf, und er tränkte die [c]ganze Fläche[p] des Bodens **7** und YHVH ELOHIM formte das

---

[31] Die Genesis hat zehn Abschnitte, die jeweils mit dem Satz „Das *sind* die Vorfahren von..." beginnen und in dieser Übersetzung durch **Fettdruck** gekennzeichnet sind.

[33] Name des Gottes Israels יהוה (Tetragrammaton), traditionell Yahveh oder Yehovah; in den meisten englischen Versionen mit HERR übersetzt, hier aber als vier Buchstaben ohne Vokale belassen.

Bodengeschöpf – Staub aus dem Boden, [38]und er blies in seine beiden Nasenlöcher Lebensatem[P]; und das Bodengeschöpf wurde ein lebendiger Lebensatmer. 8 Und YHVH ELOHIM pflanzte einen Garten in Eden, im Osten; und dort setzte er das Bodengeschöpf, das er geformt hatte.

In der ersten Geschichte wird deutlich, dass der Schöpfer alles erschaffen hat, bevor er die Menschen schuf, aber in der zweiten Geschichte schuf er den Menschen, bevor er die Pflanzen, die Tiere und den Garten Eden schuf.

Die Geschichten zeigen auch einen großen Unterschied in der Art und Weise, wie der Mensch geschaffen wurde. In Genesis 1 spricht Gott den Menschen wie folgt ins Leben:

26 Und ELOHIM sprach: „Laßt uns das Erdgeschöpf[78] nach unserem Bilde machen, nach unserem Bilde, und sie sollen herrschen über die Fische im Meer und über die Flieger am Himmel und über die Tiere[s] und über das ganze Land und über alles, was sich auf dem Lande regt." 27 Und ELOHIM schuf das Erdgeschöpf nach seinem Bilde; nach dem Bilde ELOHIMS schuf er es, als Mann und Frau schuf er sie. 28 Und ELOHIM segnete sie, und ELOHIM sprach zu ihnen: „Bringt Frucht und seid fruchtbar und füllt das Land und macht euch untertan und herrscht über die Fische des Meeres und über die Flieger des Himmels und über alles Lebendige, das sich auf dem Lande bewegt." 29 Und ELOHIM sprach: „Seht, ich habe euch [P]jede Pflanze

---

[38] Name eines Ortes oder einer Region mit der Bedeutung „Vergnügen" oder „Glückseligkeit".
[78] Oder „von ihm", das Pronomen kann hier „wir" oder „er" bedeuten.

gegeben, *die* auf der Fläche ᴾdes ganzen Landes Samen trägt, und jeden Baumᵈ, an dem Baumfrüchte sind, die Samen tragenᴾ; sie sollen euch zum Essen *dienen*. **30** Und alles Lebendige auf dem Lande und alles, was in den Lüften fliegt, und alles, was sich auf dem Lande bewegt, was lebendig *ist* – jede grüne Pflanze *ist* für euch essbar." Und so war es.

Wie wir in Genesis 1 sehen können, werden die Menschen ins Leben gerufen. Männliche und weibliche Wesen werden gleichzeitig erschaffen. In der zweiten Geschichte formt der Schöpfer den Menschen aus Erde und haucht ihm den Lebensatem ein. Zuerst wird der Mann geschaffen, danach die Frau aus dem Fleisch, das von der Seite des Mannes genommen wird, wie unten dargestellt:

> **21** Und YHVH ELOHIM ließ einen tiefen Schlaf auf das Erdgeschöpf fallenᶜ, und es schlief; und er nahm eine von seinen Seiten, und er schloss Fleisch unter sie. **22** Und YHVH ELOHIM baute die Seite, die er von dem Erdgeschöpf genommen hatte, zu einer Frau, und er ließ sie zu dem Erdgeschöpf kommenᶜ. **23** Und das Bodengeschöpf sagte: „Diese hier – Knochen von meinem Gebein und Fleisch von meinem Fleisch! Diese wird ‚Frau' genannt werden, weil sie von einem Mann genommen wurde."

Da sich die Schöpfungsgeschichten auf den Schöpfer konzentrieren, ist die Darstellung des Unendlichen in den Geschichten wahrscheinlich der wichtigste Unterschied. In der ersten Geschichte wird das Unendliche als außerhalb oder vor der

Existenz stehend dargestellt. Der Unendliche spricht die Dinge aus dem Nichts ins Dasein. In der zweiten Geschichte hingegen wird das Unendliche als eine Figur dargestellt, die mit den Menschen im Garten interagiert, als wäre sie ein verkörpertes Wesen.

Diese beiden unterschiedlichen Schöpfungsgeschichten, die eindeutig nicht denselben Ursprung haben, scheinen so zusammengefügt worden zu sein, dass sie die Vereinigung der beiden Stämme ermöglichten. Was ich besonders interessant finde, ist die Tatsache, dass der Code ohne die Zusammenfügung und Bearbeitung dieser beiden Geschichten nicht existieren könnte. Ich kann nicht mit Sicherheit sagen, ob der Code beabsichtigt war und nicht nur einen kosmischen „Zufall" darstellt, aber der Code hängt eindeutig davon ab, dass die Geschichten so verbunden sind, wie sie es sind. Und die Art und Weise, wie uns der Code in der Genesis präsentiert wird, ist genauso, wie er Jesus vor 2.000 Jahren präsentiert worden wäre, denn die erhaltenen Texte reichen ungefähr bis zur Zeit Jesu zurück.

Die Merkwürdigkeiten in den Schöpfungsgeschichten der Genesis sind in der Tat bemerkenswert. Behalten wir sie im Hinterkopf, wenn wir weitergehen und achten wir darauf, unsere Überzeugungen aufzuweichen und alle Vorurteile beiseitezulassen, die wir in Bezug auf die Natur des Unendlichen, die Beziehung zwischen dem Unendlichen und der Menschheit und die Bedeutung von Sünde und Sündenfall haben könnten.

Kapitel 8

Der Spiegel der Genesis

Wir haben die Gefahren erörtert, die darin bestehen, dass Religion durch Ideologie ersetzt wird, ein Trend, der sich mit dem rapiden Niedergang der Religion zu verstärken scheint und dass es kaum noch etwas gibt, das ein höheres Ziel verfolgt und dem Leben einen Sinn verleiht. Nun sollten wir unsere Aufmerksamkeit auf die Gefahr des blinden Glaubens an religiöse Geschichten richten.

Viele religiöse Gläubige halten die Genesis für den historischen Schöpfungsbericht. Sie akzeptieren nicht die Vorstellung, dass die Schöpfungsgeschichten metaphorisch oder auslegungsfähig sind. Um diesen Standpunkt aufrechtzuerhalten, lehnen sie die Vorstellung, dass es in der Genesis zwei verschiedene, weitgehend unvereinbare Geschichten gibt, von vornherein ab. Literalisten leugnen nicht nur die poetischen Qualitäten der Genesis, sondern auch die umfangreiche

Textforschung, die zeigt, dass es sich in der Tat um unterschiedliche, zusammengestellte Texte handelt.

Um ein Gefühl für diese buchstabengetreue Sichtweise zu bekommen, kannst du eine Internet-Suche nach „Catholic Answers – Was ist die JEPD-Theorie?" durchführen, die dir eine Fülle an Informationen bereitstellen wird.

Wenn du glaubst, dass dein guter Ruf bei Gott davon abhängt, dass du die Heilige Bibel als faktisch und unfehlbar ansiehst, dann würdest du vernünftigerweise keine andere Perspektive in Betracht ziehen. Leider machen solche Barrieren den Verstand blind für mögliche Fehler, Ungereimtheiten und Heucheleien im Text. Zu diesen Fehlern gehört die Befürwortung vieler Ideen, die unsere heutige Gesellschaft als verabscheuungswürdig ansehen würde, wie z. B. Sklaverei und Völkermord.

Ich habe noch nie einen Gläubigen getroffen, auch nicht unter extremen Fundamentalisten, der Sklaverei oder Völkermord befürwortet. Warum befürworten moderne Juden und Christen die Sklaverei nicht? Nirgendwo in diesen Texten wird die Sklaverei als falsch bezeichnet. Im Gegenteil, es gibt viele Passagen, in denen Gott für die Versklavung von Feinden gelobt wird. Tatsache ist, dass wir uns aussuchen, was wir glauben wollen. Da wir entscheiden, welche Teile des Textes auf unser Leben anwendbar sind, wären wir gut beraten, dies offen zuzugeben, um uns und andere nicht zu täuschen.

Die Bibel ist ein Buch ihrer Zeit. Sie befürwortet Verhaltensweisen, die wir heute nicht mehr akzeptieren. Aber das ist nicht alles, was sie ist. Die Heilige Bibel enthält eine tiefe Weisheit, wie zum Beispiel *das Prinzip* in Genesis 1-3. Wir als Menschen haben die Verantwortung, darauf zu achten, was der Text tatsächlich aussagt und dann unser Urteilsvermögen in Bezug auf den Text entsprechend unseren Werten einzusetzen. Alles andere hieße, unsere Verantwortung an jemand anderen abzutreten, an einen oder mehrere Autoren, die vor Tausenden von Jahren in einer Gesellschaft lebten, deren Normen und Werte möglicherweise nicht mit unseren oder denjenigen unserer Gesellschaft vereinbar sind.

Einem aufmerksamen, unvoreingenommenen Leser fallen die Ungereimtheiten zwischen Genesis 1 und 2 sofort ins Auge, ebenso wie die heuchlerische Art und Weise, in der Gott in Genesis 3 dargestellt wird. Die Heilige Bibel sagt, dass ein allwissender, allmächtiger Gott alle Elemente und Versuchungen erschaffen hat, die mit Sicherheit dazu führen würden, dass die Menschen ins Leid fallen. Aus dieser Perspektive betrachtet, scheint Genesis 2-3 das ungefähre Äquivalent eines Elternteils zu sein, der eine Reihe von Steckdosen im Kinderzimmer offen lässt, das Baby davor warnt und es dann bestraft, wenn es einen Stromschlag bekommt.

Bevor ich den Kodex durch eine mystische Erfahrung erhielt, war ich nicht in der Lage, viel Wert in dem Text zu sehen, weil ich durch meine Empfindsamkeit gegenüber den vielen Heucheleien und Gräueltaten, die im Namen oder auf Befehl Gottes in anderen biblischen Geschichten begangen wurden, geblendet war. Aber nachdem ich den Code gesehen hatte, wurden meine Augen und mein Herz für das Buch geöffnet.

Irgendwie, durch oder trotz der Versklavung der Juden in Ägypten, der Vermischung der Kulturen, der Zusammenfügung und Bearbeitung der vielen Schichten kultureller und mythologischer Lehren, ist der Code erhalten geblieben. Wie er all das überstehen konnte, ist mir ein großes Rätsel, vor allem angesichts der bemerkenswerten spiegelbildlichen Qualität von Genesis 1-3.

Ich habe den Eindruck, dass Genesis 1-3 die Urteile und Vorurteile des Lesers widerspiegelt. Oberflächlich betrachtet sind die Geschichten kulturell bedingt, ähnlich wie die Schöpfungsgeschichten, die man überall auf der Welt findet, aber auf einer tieferen Ebene, der Ebene der *Prinzipien*, ist die Botschaft von Genesis 1-3 universell. Die verborgene Lehre gilt für jeden Menschen, der dafür offen ist, unabhängig von Land, ethnischer Zugehörigkeit, Kultur, Klasse oder Geschlecht, und kann ihm nützen.

Aufgrund der Voreingenommenheit von Propheten, Priestern und Schriftgelehrten, die anscheinend nicht die Augen hatten, um zu sehen, betont fast die gesamte spätere Schrift oberflächliche Aspekte in der Genesis, wie die kulturellen Regeln, die übernatürliche Geschichte und das Gericht über die Menschheit. Seit Tausenden von Jahren hat die oberflächliche Betrachtung dieser Geschichten zu Schuldgefühlen, Scham, Schuld, Arroganz, Groll und falscher Demut geführt.

Genesis 1-3, oberflächlich interpretiert, bietet eine schlechte geistige Grundlage, die zu so vielen Missverständnissen und Disharmonien geführt hat, da sich falsche Lehren durch organisierte religiöse Bewegungen weltweit verbreitet haben. Eine der wichtigsten Ideen, die sich infolge der falschen Auslegung von Genesis verbreitet hat, ist zum Beispiel die Rechtfertigung der Versachlichung der Natur. Die Verse, deren Fehlinterpretation zu diesem weltweiten Trend geführt hat, sind in den meisten modernen Auslegungen von Genesis 1,26-28 vertreten. Schauen wir uns als Beispiel die New International Version an:

26 Da sprach Gott: „Lasset uns Menschen machen als unser Abbild, als unser Ebenbild, dass sie herrschen über die Fische im Meer und über die Vögel am Himmel, über das Vieh und über alle wilden Tiere und über alles Getier, das auf dem Erdboden lebt." 27 So schuf Gott die Menschen als

sein Abbild, als Abbild Gottes schuf er sie; als Mann und Frau schuf er sie. 28 Gott segnete sie und sprach zu ihnen: „Seid fruchtbar und mehret euch; füllet die Erde und machet sie euch untertan. Macht euch die Fische im Meer und die Vögel am Himmel untertan und alle Lebewesen, die sich auf der Erde bewegen."

Viele Gesellschaften rechtfertigen ökologisch bedenkliche Handlungen mit dem Verweis auf die Herrschaft des Menschen über die Natur in diesem Abschnitt. Diese objektivierende Geisteshaltung verfehlt den Sinn der Genesis, welche die Harmonie mit allem Leben darstellen soll. Die egoistische Geisteshaltung, die durch ein schlechtes Verständnis der Genesis gerechtfertigt ist, führt zu unnötiger Disharmonie in unserem Leben und in der Welt.

Wenn wir die Genesis lesen, neigen wir dazu, das zu sehen, was wir mitbringen, ähnlich wie wenn wir in einen Spiegel schauen. In der Tat können diese ersten, drei Kapitel auf zwei sehr unterschiedliche Arten gelesen werden. Wie wir sie interpretieren, hat einen komplett unterschiedlichen Einfluss auf unser Leben und unsere gesellschaftliche Entwicklung. Darauf werden wir später noch näher eingehen. Lass uns jetzt einen Blick auf dieselben Passagen durch die Interpretation von Dr. Tabor werfen.

26 Und ELOHIM sprach: „Laßt uns das Erdgeschöpf[23] nach unserem Bilde machen, nach unserem Bilde, und sie sollen herrschen über[24] die Fische im Meer und über die Flieger am Himmel und über die Tiere[s] und über das ganze Land[25]

---

[23] Heb *'adam*, von *'adamah*, „Erde", oder „rote Erde".
[24] D.h., in Bezug auf, hier und V. 28.
[25] Syrisch „über alle Tiere des Landes".

und über alles, was sich auf dem Lande regt." **27** Und ELOHIM SCHUF das Erdgeschöpf nach seinem Bilde; nach dem Bilde ELOHIMS schuf er es, als Mann und Frau schuf er sie. **28** Und ELOHIM segnete sie, und ELOHIM sprach zu ihnen: „Bringt Frucht und seid reichlich und füllt das Land und macht euch untertan und herrscht über die Fische des Meeres und über die Flieger des Himmels und über alles, was sich auf dem Lande regt."

Dr. Tabors Übersetzung betont das Regieren und stimmt viel besser mit Gottes erklärtem Ziel für die Erschaffung von Adam und Eva überein, wie es in Genesis 2:15 zu sehen ist:

15 Und YHVH ELOHIM nahm das Bodengeschöpf und ließ es im Garten Eden ruhen[c], um ihn zu bedienen und zu bewachen.

Sich unterwerfen, dienen, bewachen und regieren. Diese Weisungen sind perfekt auf die Gartenarbeit abgestimmt, den Prozess, bei dem das, was sonst allzu chaotisch wäre, in eine harmonische Ordnung gebracht wird, um die Gesundheit des Landes und seiner Bewohner zu erhalten. Im Grunde genommen weist die Genesis den Menschen an, durch richtige Führung und richtige Ernte, mit der Natur zu kommunizieren. Dies ist auch das allgemeine Gefühl der indigenen Völker weltweit. Und warum sollte das nicht der Fall sein? Schließlich waren die alten Hebräer Stämme wie alle anderen auch, die im Einklang mit der Erde lebten.

Irgendwann vor relativ kurzer Zeit in der Zeitspanne der menschlichen Existenz haben viele menschliche Gesellschaften ihren Sinn für die Beziehung zur Erde und zum Unendlichen verloren. Infolgedessen haben viele von uns wie Parasiten auf dem Planeten gelebt. Diese parasitäre Lebensweise kann nie wirklich befriedigen, da sie nicht mit unserer Natur übereinstimmt.

Wir haben den Planeten viel zu lange als etwas betrachtet, das wir für unsere eigenen engen Zwecke nutzen können. Wir können nicht länger die Augen vor unseren Fehlern verschließen, denn die Natur beginnt, uns die Folgen vor Augen zu führen. Die Vorstellung, dass die Erde und ihre Flora, Fauna, Mineralien, usw. lediglich Ressourcen sind, die wir nutzen und wegwerfen können, beginnt bereitet uns nun Schmerzen. Diese Schmerzen können dazu dienen, uns aus dem Traum der Trennung zu wecken.

Tatsächlich haben wir uns so sehr an die Objektivierung gewöhnt, dass wir sie uns selbst antun, ohne es zu merken. In unseren Köpfen sind wir kaum mehr als eine Ware geworden. Wenn du das noch nicht siehst, wirst du, wenn du den Code erkennst und weißt, wie er in deinem Leben funktioniert, vielleicht nicht mehr umhin können, es zu sehen.

Wenn die Menschheit die verborgene Lehre der Genesis, das *Prinzip*, beherzigen würde, dann wären Individuen und Gesellschaften weit weniger in Schuld, Scham, Arroganz, Groll und falsche Demut verliebt. Infolgedessen könnten wir leichter ein Gleichgewicht untereinander und mit unserer Umwelt finden und dadurch ein inspirierteres, sinnvolleres Leben in Gemeinschaft mit *allem, was ist*, führen.

Die weit verbreitete atheistische Vorstellung, dass die Heilige Bibel lediglich ein Artefakt eines unwissenden Volkes ist, beginnt zu scheitern, wenn wir die Konsistenz des Codes sehen. Auf der Grundlage des eingebetteten *Prinzips*, das die wahre Ursache für psychologisches und geistiges Leiden sowie den Weg zur Harmonie aufzeigt, bin ich mir nicht sicher, ob wir den Text so schnell abtun sollten.

Wie *das Prinzip* dorthin gekommen ist, weiß ich nicht genau. Ich habe den Eindruck, dass *das Prinzip* entweder absichtlich eingefügt wurde, möglicherweise um ein Geheimnis zu schützen, oder dass er durch die unbewusste Genialität, die kreative Menschen manchmal auszeichnet, dorthin gelangt ist. Für mich ist beides verblüffend und gleichermaßen großartig.

Ich würde gerne glauben, dass der Code in den Text eingefügt wurde, um ein Geheimnis für die Nachwelt zu bewahren, das vor Menschen geschützt werden musste, die den Lehren zu jener Zeit feindlich gegenüberstanden. Wir können diesen Gedanken mit der Erklärung Jesu in Verbindung bringen, die Wahrheit absichtlich von den Massen zu verbergen. Warum sollte er das tun, muss man sich fragen? Vielleicht wollte Jesus der Verfolgung entgehen. Erinnerst du dich: Jesus wurde wegen Gotteslästerung gekreuzigt. Warum sollten wir annehmen, dass die priesterliche Klasse früherer Zeiten toleranter war? Vielleicht wirst du eine andere Hypothese entwickeln, nachdem du den Code gesehen hast. Machen wir uns an die Arbeit.

Teil 3

Der Code

In Teil 2 haben wir uns mit den Gemeinsamkeiten der Schöpfungsmythologie vertraut gemacht, die uns eine Perspektive zum Vergleich geboten haben, durch die wir Genesis 1-3 betrachten konnten. Dann haben wir mehr über die merkwürdigen Begebenheiten der Genesis erfahren, die aus der Zusammenführung zweier getrennter Mythologien entstanden sind. Abschließend haben wir die Fallen des blinden Glaubens an Religion und Ideologie betrachtet. Was wir gelernt haben, hat uns geholfen, unsere Augen für den Code zu öffnen.

In Teil 3, der vier Kapitel umfasst, untersuchen wir die drei Perspektiven der Genesis, aus denen sich der Code zusammensetzt.

Kapitel 9 erforscht die Perspektive des körperlosen Unendlichen, das in Genesis 1 ELOHIM genannt wird. Dieses Kapitel zeigt die grundlegende Haltung der Harmonie.

Kapitel 10 führt in die Perspektive des verkörperten Unendlichen ein, das YHVH ELOHIM genannt wird, wie es in Genesis 2 dargestellt wird. Dieses Kapitel zeigt eine gesunde, grundlegende Psychologie für den Menschen.

Kapitel 11 konzentriert sich auf Genesis 3 und die Perspektive der Disharmonie, die auf natürliche Weise entsteht, wenn das verkörperte Unendliche seine unendliche Natur vergisst und sich selbst in seiner auf der Form basierenden Identität aufsaugt.

Kapitel 12 schließlich enthüllt die Schichten des Codes und zeigt, wie *das Prinzip* durch die Evolution und den Entwicklungsprozess der Kindheit sowie durch die Offenbarungserfahrungen des Gebets und der Meditation auf die menschliche Erfahrung übertragen wird.

Nach allen Maßstäben wurde die Heilige Bibel von mehr Menschen gelesen als alle anderen Bücher. Trotz der oben erwähnten Mängel sind Milliarden von Menschen weltweit der Meinung, dass dieser Text einen immensen spirituellen Wert hat. Unser bewusster Verstand ist vielleicht noch nicht in der Lage, die genaue Natur des Angebots des Textes vollständig zu artikulieren, aber sobald du das *Prinzip* wahrgenommen und in dein Leben integriert hast, wirst du dazu viel eher in der Lage sein.

Die Genesis wurde im Laufe der Zeit von Milliarden von Menschen gelesen. Jeder, der Genesis 1-3 gelesen hat, hat den Code gesehen, aber in all der Zeit, so scheint es, ist der Code unbemerkt geblieben. Damit ist jetzt Schluss! Wenn du ihn einmal gesehen hast, wirst du ihn nicht mehr vergessen können.

Der Code ist einfach, elegant und praktisch. Sobald du den Code in deinem täglichen Leben in die Praxis umsetzt, wird er beginnen, die Schichten der inneren Disharmonie und Verwirrung zu entfernen. Du wirst dich selbst und das Leben nie wieder auf die gleiche Weise betrachten. Deine Beziehung zu allem wird sich ändern.

Kapitel 9

Der unendliche Gott
Das körperlose Unendliche

Wie wir in Kapitel 7 gesehen haben, wurden in Genesis 1-3 die zwei Schöpfungsgeschichten der Stämme Judas und der Israeliten miteinander verbunden. In den zusammengefügten Mythologien können wir drei Hauptperspektiven beobachten: das körperlose Unendliche, das verkörperte Unendliche und das sich selbst aufnehmende Unendliche. Diese drei disparaten Perspektiven bilden die Grundlage des Codes.

Die erste Perspektive findet sich in Genesis 1, als das Unendliche das Universum in die Existenz „spricht". Bitte lies den vollständigen Text von Genesis 1 unten und beachte den <u>unterstrichenen Text</u>, der die gelbe Hervorhebung darstellt, die für dieses Kapitel relevant ist und die ich als den Code erkannt habe, als er mir in einem visionären Zustand präsentiert wurde. Sobald wir den unterstrichenen Text im Kontext des Kapitels betrachtet haben, werden wir die Bedeutung dieser Sätze aufschlüsseln, um ein grundlegendes Verständnis *des Prinzips* zu schaffen.

(Bere'sheet)

Kapitel **1:1** *Am* Anfang[f2], als ELOHIM[3] den Himmel und das Land schuf, **2** und das Land war wüst und leer; und Finsternis *war* über *dem* Antlitz[P] *der* Tiefe, und der Geist ELOHIMS schwebte über dem Antlitz[P] der Wasser, **3** und ELOHIM sprach: „Es werde Licht"; und es wurde Licht. **4** <u>Und ELOHIM sah das Licht, er sah, dass es gut *war*</u>; und ELOHIM schied zwischen dem Licht und der Finsternis. **5** Und ELOHIM nannte das Licht „Tag", und die Finsternis nannte er „Nacht". Und es wurde Abend und es wurde Morgen – Tag eins.

6 Und ELOHIM sprach: „Es werde eine Weite mitten in den Wassern, und es werde eine Schranke von Wasser zu Wasser." **7** Und ELOHIM machte die Weite, und er schied zwischen den Wassern, die unter der Weite *waren*, und zwischen den Wassern, die über der Weite *waren*. Und so geschah es. **8** Und ELOHIM rief in die Weite „Himmel". Und es wurde Abend und es wurde Morgen, ein zweiter Tag. ELOHIM sprach: „Laßt die Wasser unter dem Himmel sich zu einem Ort sammeln, und laßt das trockene *Land*

---

[2] Lit „An *der* Spitze von", Heb *Bere'sheet* in dieser grammatikalischen Konstruktion ist eine zeitliche Phrase, die bedeutet: „Wenn am Anfang ...", siehe Jer 26:1, wo die gleiche Form vorkommt. Sie stellt den „Zustand der Dinge" dar, wenn die schöpferische Tätigkeit beginnt.

[3] ELOHIM ist ein Substantiv im Plural, fungiert aber oft als kollektiver Singular, der ein singuläres Verb voraussetzt. Es ist verwandt mit den hebräischen Begriffen: *'eloah* und *'el*, was Gott, Macht oder Mächtiger bedeutet, und kann sich auf Richter und Führer, himmlische Wesen, die Götter der Völker oder den einen Gott Israels beziehen.

gesehen werden." Und so geschah es. **10** Und ELOHIM nannte das trockene *Land* „Land", und die Ansammlung der Wasser nannte er „Meere". <u>Und ELOHIM sah, dass *es* gut *war*.</u> **11** Und ELOHIM sprach: „Laßt das Land *den* Sproß sprießenᶜ, eine Pflanze, die Samen sät, einen Obstbaum, der Früchte bringt, nach seiner Art, seinem Samen, in ihm, auf dem Land." Und so geschah es. **12** Und das Land ließ *den* Spross aufgehenᶜ, eine Pflanze, die Samen sät, nach ihrer Art, und einen Baum, der Frucht bringt, seinen Samen, in seinem Innern, nach seiner Art. <u>Und ELOHIM sah, dass *es* gut *war*.</u> **13** Und es wurde Abend und es wurde Morgen, ein dritter Tag.

14 Und ELOHIM sprach: „Es sollen Lichter sein an der Weite des Himmels, zu scheiden zwischen dem Tag und der Nacht; und sie sollen Zeichen sein und bestimmte Zeiten und Tage und Jahre, **15** und sie sollen Lichter sein an der Weite des Himmels, zu leuchtenᶜ auf dem Lande." Und so geschah es. **16** Und ELOHIM machte die beiden großen Lichter – das große Licht für die Herrschaft über den Tag und das kleine Licht für die Herrschaft über die Nacht – und die Sterne. **17** Und ELOHIM gab sie in die Weite des Himmels, um das Land zu beleuchtenᶜ, **18** und um über den Tag und die Nacht zu herrschen und zwischen dem Licht und der Finsternis zu unterscheiden. <u>Und ELOHIM sah, dass *es* gut *war*.</u> **19** Und es wurde Abend und es wurde Morgen, ein vierter Tag.

20 Und ELOHIM sprach: „Laßt die Wasser wimmeln von lebendigen Atmernˢ, und laßt *die* Flieger über das Land fliegen, über ᴾdie Weite des Himmels." **21** Und ELOHIM schuf die großen *Wassertiere* und jedes lebendeᵈ Wesen, das sich bewegt, *mit dem* die Wasser wimmeln, nach ihrer Art, und jeden geflügelten Flieger, nach seiner Art. <u>Und</u>

ELOHIM sah, dass *es* gut *war.* ELOHIM segnete sie und sprach: „Tragt Frucht und seid fruchtbar und füllt die Wasser in den Meeren, und lasst die Flieger reichlich sein auf dem Land." **23** Und es wurde Abend und es wurde Morgen, ein fünfter Tag.

24 Und ELOHIM sprach: „Laßt das Land einen lebendigen Lebensspender nach seiner Art hervorgehen[c], ein Tier und ein bewegliches Ding und ein Lebewesen des Landes nach seiner Art." Und so geschah es. **25** Und ELOHIM machte das Lebendige des Landes nach seiner Art, und das Tier nach seiner Art, und alles Bewegliche des Bodens nach seiner Art. Und ELOHIM sah, dass *es* gut *war.* **26** Und ELOHIM sprach: „Laßt uns Erdgeschöpfe machen nach unserem Bild, nach unserem Gleichnis, und sie sollen herrschen über die Fische des Meeres und über die Flieger der Lüfte und über die Tiere[s] und über das ganze Land und über alles, was sich auf dem Lande regt." **27** Und ELOHIM SCHUF das Erdgeschöpf nach seinem Bilde; nach dem Bilde ELOHIMS schuf er es, als Mann und Frau schuf er sie. **28** Und ELOHIM segnete sie, und ELOHIM sprach zu ihnen: „Tragt Frucht und seid fruchtbar und füllt das Land und macht euch untertan und herrscht über die Fische des Meeres und über die Flieger des Himmels und über alles Lebendige, das sich auf dem Lande bewegt." **29** Und ELOHIM sprach: „Seht, ich habe euch[p] jede Pflanze gegeben, *die* auf der Fläche[p] des ganzen Landes Samen trägt, und jeden Baum[d], an dem Baumfrüchte sind, die Samen tragen[p]; sie sollen euch zum Essen *dienen*. **30** Und alles Lebendige auf dem Lande und alles, was in den Lüften fliegt, und alles, was sich auf dem Lande bewegt, was lebendig *ist* – jede grüne Pflanze *ist* für euch essbar." Und so geschah es. **31** Und ELOHIM sah alles, was er

<u>gemacht hatte, und siehe da, es *war* sehr gut.</u> Und es wurde Abend und es wurde Morgen, der sechste Tag.

Der Code, so wie er mir gezeigt wurde, hatte ausschließlich mit Einstellung und Perspektive zu tun, nicht mit der Kultur, den gesellschaftlichen Gesetzen, der Ordnung der geschaffenen Dinge und Wesen oder damit, wie viele Tage es dauerte, die Erde zu erschaffen. Lass uns mit Blick auf Haltung und Perspektive den Code überprüfen, wie er in der mystischen Erfahrung hervorgehoben wurde.

Wenn wir den unterstrichenen Text betrachten, sehen wir, dass es sich um einen wiederholten und manchmal leicht abgewandelten Ausdruck von „Und ELOHIM sah, dass *es* gut *war*" handelt. Du wirst feststellen, dass es nirgendwo in Genesis 1 etwas anderes gibt als Lob für das Gute der Schöpfung.

Die vollkommene Beständigkeit der Einstellung spiegelt das Wesen des Unendlichen wider. Wir sind also gut beraten, darauf zu achten. Die Frage ist, was das Unendliche mit *„gut"* meint?

Um eine Definition des Begriffs *„gut"* zu finden, sollten wir uns zunächst überlegen, wie der Mensch den Begriff definiert: ein Spiegelbild dessen, was mit unseren Werten, Zielen und Annehmlichkeiten übereinstimmt. Merriam-Webster definiert gut wie folgt:

1 : die angenehmen Dinge, die den Menschen passieren

2 : Dinge, die moralisch angemessen oder korrekt sind

Anhand dieser Definitionen können wir erkennen, dass das *Gute,* so wie es von Menschen definiert wird, höchst subjektiv ist. Wir definieren das Gute im Gegensatz zu dem, was wir für schlecht halten. Ist das *Gute* des Unendlichen in ähnlicher Weise subjektiv und vergleichbar? Ist es von Natur aus moralisch?

Aus der Perspektive des Unendlichen gibt es nichts anderes, was bedeutet, dass das Unendliche das Universum nicht als etwas anderes als sich selbst ansieht, wie es in Genesis 1 angedeutet wird. Daher können wir dies so verstehen, dass das *Gute* in diesem Fall das ist, was mit dem Unendlichen übereinstimmt, das heißt, was sich selbst widerspiegelt. Das unendlich *Gute* ist das, was gleichbedeutend mit dem Unendlichen ist. Mit der unendlichen Definition des *Guten* im Hinterkopf bedeutet der Satz „Und ELOHIM sah, dass es gut war" in etwa „Und ELOHIM sah, dass es ELOHIM war" oder „Und Gott sah, dass es Gott war".

Der Lobpreis ELOHIMs wird in Genesis 1 siebenmal wiederholt, was unterstreicht, wie grundlegend die Perspektive des Einsseins und des Lobpreises ist.

Bevor wir uns mit den unterstrichenen Sätzen näher befassen, sollten wir auch das kursiv gedruckte Wort „*war*" beachten. Der Tabor Übersetzungs-Leserhandbuch erklärt die Bedeutung der Kursivschrift folgendermaßen: „*Kursive* Schrift kennzeichnet Wörter, die im Hebräischen **nicht vorkommen**, aber für einen flüssigeren, englischen Stil hinzugefügt wurden."

In dem Satz „Und ELOHIM sah, dass *es* gut *war*" erweckt die Wahl des Wortes „*war*" *die* Vorstellung, dass ELOHIMs Meinung über die Schöpfung sich ändern könnte, obwohl das nicht der Fall sein kann, denn das Unendliche sieht nichts anderes als sich selbst.

Um diese Bedeutungsfalle zu vermeiden und den Satz so zu vervollständigen, wie es die Leserinnen und Leser zu Recht erwarten, wäre es besser, das Präsensverb *ist* anstelle von *war zu* verwenden. Diese Wortwahl erfasst die allgegenwärtige Perspektive des Unendlichen: „Es gibt keinen anderen". *Kein anderes* ist *das Prinzip*, auf das Genesis 1 hinweist.

Ich hoffe, dass die Leserinnen und Leser den Text in ihrem Gedächtnis auffrischen und sich daran erinnern können, dass die Schöpfung ein allgegenwärtiges Zeugnis und ein Lobpreis im

Augenblick ist. Eine Offenbarung, die immer war und immer sein wird – das Zeugnis. Damit wir uns besser auf diese Perspektive konzentrieren können, habe ich im Folgenden alle Sätze des Lobpreises so überarbeitet, dass sie den Präsens wiedergeben. Um beim Lesen ein Gefühl für die unendliche Perspektive zu bekommen, solltest du dich entspannen und deinen ganzen Körper spüren.

Im Folgenden führe ich alle Lobpreisungen in Genesis 1 auf, allerdings im Präsens und als Offenbarung der potenziellen statt der endgültigen Schöpfung. Um uns bei diesem Unterfangen zu helfen, habe ich die geschlechtsspezifische Sprache für Gott entfernt, die eine wenig hilfreiche, hebräische, grammatikalische Regel ist, die uns über die Natur des Unendlichen in die Irre führt. Das körperlose Unendliche ist nicht spezifisch männlich oder weiblich.

Vor jedem Lob nenne ich das Ziel des Lobes. Bitte nimm dir einen Moment Zeit, um dir das Ziel jedes Lobes vorzustellen und lies dann das Lob laut vor, während du die Schwingungen der Worte spürst, wenn sie in Richtung des beabsichtigten Ziels ausgesprochen werden.

1. Licht – „Und Gott sieht das Licht, und er sah, dass es Gott ist"
2. Land und Meere – „Und Gott sieht, dass *es* Gott *ist*"
3. Pflanzen und Bäume – „Und Gott sieht, dass *es* Gott *ist*"
4. Sonne, Mond, Sterne – „Und Gott sieht, dass *es* Gott *ist*"
5. Wasserlebewesen und Flieger – „Und Gott sieht, dass *es* Gott *ist*"
6. Landlebewesen – „Und Gott sieht, dass *es* Gott *ist*"
7. Alles, was ist – „Und Gott sieht alles, was ist, und siehe da, es *ist* Gott in höchstem Maße."

Der Verstand kann die nahtlose Natur des Unendlichen nicht vollständig verstehen, weil die Standardeinstellung des Verstandes darin besteht, die Dinge zu kategorisieren, um ein funktionales Verständnis zu erreichen. Das Unendliche kann nicht verstanden werden, aber es *kann* gefühlt werden. Um die beste Wirkung zu erzielen, lass das Intellektualisieren vorerst weg. Versuche stattdessen einfach zu visualisieren und deinen eigenen Körper zu fühlen, während du die Worte mit einer klaren Absicht sprichst. Die Worte ohne Visualisierung und Gefühl werden uns niemals ans Ziel bringen.

Wie wir aus dem Text ersehen können, lobt das Unendliche alles. In Bezug auf den Menschen sagte ELOHIM: „Lasset uns ein Geschöpf der Erde machen nach unserem Bilde, das uns gleich sei."

Nach 1. Mose 1 bist du das Bild und Gleichnis Gottes. Schaue in diesem Sinne in den Spiegel und wiederhole, während du deinen ganzen Körper spürst: „Und Gott sieht, dass ich Gott bin."

Übung und leichtes Dehnen, um Spannungen zu lösen, helfen dabei, ungünstige Urteile und Trennungsgefühle im Unterbewusstsein aufzulösen.

Sieh dich nun um. Zu jedem und allem, was du siehst, wiederhole mit Gefühl: „Und Gott sieht, dass es vollständig, nahtlos Gott ist."

Anmerkung: Der letzte zitierte Satz sowie die nummerierten Sätze sind meine eigenen Formulierungen, die auf dem Prinzip von Genesis 1 basieren.

Kapitel 10

Der menschgewordene Gott

Das verkörperte Unendliche

Genesis 2 beginnt mit der Verbindung, in der zwei getrennte Schöpfungsgeschichten zusammengefügt werden. Du erinnerst dich vielleicht, dass wir in Kapitel 7 den Beweis für diese Verschmelzung vorgestellt haben. Die Verbindung verläuft von 1. Mose 2,1 bis 2,3. Um zu überprüfen, ob Genesis 2,4 der Anfang der Geschichte ist, wie es im Originaltext vorgesehen ist, wirst du feststellen, dass es in allen 53 Kapiteln der Genesis besondere Abgrenzungen am Anfang der Geschichten gibt, die alle den gleichen Satz verwenden: „Dies sind die Einbringungen von". Der für dieses Kapitel relevante Inhalt beginnt erst in 1. Mose 2,4, mit dem Beginn der zweiten Schöpfungsmythologie. Du kannst die Verbindung hier sehen:

Kapitel **2:12** Und der Himmel und das Land und alles, was dazugehört, war vollendet. **2** Und ELOHIM vollendete am siebten Tag sein Werk, das er geschaffen hatte, und er hörte am siebten Tag auf mit all seinem Werk, das er geschaffen hatte. **3** Und ELOHIM segnete den siebten Tag und heiligte ihn, weil er an diesem Tag aufhörte, mit all seinem Werk, das ELOHIM geschaffen hatte.

4 Das *sind* die Anfänge des Himmels und der Erde[31], als sie geschaffen wurden.

Das Unendliche ruht nicht, denn es wird nicht müde. Es bringt ständig, freudig und mühelos sein Bild im Lobpreis hervor. Ruhe ist für das verkörperte Unendliche, nicht für das körperlose Unendliche. Ruhe ist notwendig, um die Gesundheit des Körpers zu erhalten, aber die Lehre von der Ruhe ist nicht der Kodex. Dieser Spagat bringt uns zum Schwerpunkt dieses Kapitels, Genesis 2.

Genesis 2 stellt die Perspektive der „Kinder Gottes" dar, d. h. das Unendliche, wie es durch die Erfahrung der Menschen zum Ausdruck kommt. Obwohl es Unterschiede in der Perspektive zwischen dem verkörperten Ausdruck des Unendlichen und dem körperlosen Unendlichen gibt, wollen wir auf eine wichtige Verbindungslinie achten. Diese durchgehende Linie ist der Code. Bitte lies den unterstrichenen Text in Genesis 2, um den Code zu verstehen.

---

[31] Die Genesis hat zehn Abschnitte, die jeweils mit dem Satz „Das *sind* die Vorfahren von..." beginnen und in dieser Übersetzung durch **Fettdruck** gekennzeichnet sind.

4 Dies *sind* die Anfänge des Himmels und des Landes, als sie geschaffen wurden. *Am* Tag der Schöpfung von YHVH[33] ELOHIM waren Land und Himmel, **5** und kein Strauch des Feldes war und YHVH ELOHIM hatte vorher keinen Regen[c] auf das Land fallen lassen, und <u>es *gab* kein Bodengeschöpf, das den Boden bediente</u>; **6** und ein Strom stieg vom Land herauf, und er tränkte die[c] ganze Fläche[P] des Bodens; **7** <u>und YHVH ELOHIM formte das Bodengeschöpf – Staub aus dem Boden, und er blies in seine beiden Nasen den Lebensatem[P]; und das Bodengeschöpf wurde ein lebendiger Lebensspender.</u> **8** Und YHVH ELOHIM pflanzte einen Garten in Eden,[38] im Osten; und dort setzte er das Erdgeschöpf, das er geformt hatte. **9** <u>Und YHVH ELOHIM ließ[c] aus der Erde alle Bäume sprießen, die zum Sehen und zum Essen gut sind, und den Baum des Lebens[P] in der Mitte des Gartens und den Baum der Erkenntnis von Gut und Böse.</u> **10** Und ein Strom geht von Eden aus, um den Garten zu tränken[c], und von dort trennt er sich und wird zu vier Häuptern. **11** Der Name des einen *ist* Pishon; er fließt um das ganze Land Havila herum, wo es Gold[d] *gibt*, **12** und das Gold dieses Landes *ist* gut; es *gibt* bdellium und den Onyxstein. **13** Der zweite Strom *heißt* Gihon; er fließt um das ganze Land Kusch. **14** Und der dritte Strom *heißt* Hiddekel; er fließt östlich von Assyrien. Und der vierte Strom – er *heißt* Euphrat. **15** Und YHVH

---

[33] Name des Gottes Israels יהוה (Tetragrammaton), traditionell Yahveh oder Yehovah; in den meisten englischen Versionen mit HERR übersetzt, hier aber als vier Buchstaben ohne Vokale belassen

[38] Name eines Ortes oder einer Region mit der Bedeutung „Vergnügen" oder „Glückseligkeit".

ELOHIM nahm das Bodengeschöpf und ließ es im Garten Eden ruhen[c], um ihn zu bedienen und zu bewachen. **16** Und YHVH ELOHIM *gebot* dem Erdgeschöpf und sprach: „Von jedem Baum des Gartens sollst du essen![44] **17** Aber von dem Baum der Erkenntnis des Guten und Bösen sollst du nicht essen; denn an dem Tag, an dem du davon isst, wirst du sterben!"[45] **18** Und YHVH ELOHIM sprach: „Das ist nicht gut – das Bodengeschöpf ist allein, ich will helfen, wie zuvor." **19** Und YHVH ELOHIM formte aus dem Erdreich alles Lebendige des Feldes und alles Fliegende des Himmels und ließ es[c] zu dem Erdgeschöpf kommen, um zu sehen, was es ihm zurufen würde; und was immer das Erdgeschöpf ihm zurufen würde – jedes lebende Wesen –, das *war* sein Name. **20** Und das Bodengeschöpf rief Namen zu jedem Tier und zu den Fliegern des Himmels und zu jedem Lebewesen des Feldes; und er fand keine Hilfe für das *Bodengeschöpf,* wie *die* seine zuvor. **21** Und YHVH ELOHIM ließ einen tiefen Schlaf auf das Bodengeschöpf fallen[c], und es schlief; und er nahm eines von seinen Seiten, und er schloss Fleisch darunter. **22** Und YHVH ELOHIM baute die Seite, die er von dem Erdgeschöpf genommen hatte, zu einer Frau, und er ließ sie zu dem Erdgeschöpf kommen[c]. **23** Und das Bodengeschöpf sagte: „Dies hier – Knochen von meinem Gebein und Fleisch von meinem Fleisch! Sie wird „Frau" genannt werden, weil sie von einem Mann genommen wurde." **24** Darum wird ein Mann seinen Vater und seine Mutter verlassen und sich mit seiner Frau verbinden, und sie werden ein Fleisch werden. **25** Und die *beiden* waren

---

[44] Die doppelte Verwendung des Verbs zeigt die Betonung an.
[45] Die doppelte Verwendung des Verbs zeigt die Betonung an.

<u>nackt, das Bodengeschöpf und seine Frau, und sie schämten sich nicht.</u>

Nachdem wir den gesamten Abschnitt gelesen haben, sollten wir ihn noch einmal durchgehen und darüber nachdenken. Der erste unterstrichene Satz lautet wie folgt:

es *gab* kein Bodenlebewesen, das den Boden bedient hätte

In diesem Satz wird das Ziel der Menschheit genannt. Wir können sehen, dass genau dieser Auftrag in Genesis 1 ausgedrückt wurde:

Sie sollen herrschen über die Fische im Meer und über die Flieger in den Lüften und über die Tiere und über das ganze Land und über alles, was sich auf dem Lande bewegt.

Gleich nachdem der Unendliche den Menschen in Genesis 1 erschaffen hat, wiederholt er den Auftrag des Menschen, über alles Lebendige zu herrschen. Der Auftrag lautet nicht, zu nehmen, sondern zu pflegen, was man in der folgenden Passage deutlich sehen kann:

und herrsche über die Fische im Meer und über die Flieger in den Lüften und über alles, was sich auf dem Land bewegt.

Schauen wir uns nun an, wie das Bodenwesen, das als Adam bekannt ist, in Genesis 2 erschaffen wurde, um zu sehen, welchen Wert es haben könnte.

> YHVH ELOHIM formte das Bodengeschöpf – Staub aus
> der Erde – und blies in seine beiden Nasenlöcher den
> Lebensatem; und das Bodengeschöpf wurde ein lebendiger
> Lebensatmer.

Schau dir deinen Körper an, seine Natürlichkeit. Kannst du irgendetwas an ihm finden, das nicht Erde ist? Wir sind durch und durch Erde und Luft. Und die Atome, aus denen unser Körper und die Erde bestehen, sind vollständig aus den Sternen entstanden. Die Sterne stellen, wie alle Dinge, den Körper des Unendlichen dar. Alles, was wir sehen, hören, riechen, schmecken, berühren, fühlen oder denken, ist eine einzige nahtlose Offenbarung des Unendlichen. Erinnern wir uns daran, dass ELOHIM in Genesis 1 „das Erdengeschöpf nach seinem Bilde schuf; nach dem Bilde ELOHIMs schuf er es, als Mann und Frau schuf er sie."

Wir Menschen sind das Bild und Gleichnis des Unendlichen, denn die Erde ist das Bild und Gleichnis des Unendlichen, ebenso wie die Luft, die wir atmen, der Planet, das Sonnensystem, die Galaxie und das gesamte Universum. All das, alles von euch, ist der Körper des Unendlichen. Es gibt nichts, auf das du zeigen oder an das du denken kannst, ganz gleich, wie weit entfernt es vom Unendlichen zu sein scheint, das nicht der Betrachter ist, den wir in Kapitel 3 erforscht haben.

Wenn man an die Menschen denkt, die böswillig Dutzende oder Hunderte von Millionen von Menschen massakriert und verhungern ließen, wie Josef Stalin, Adolf Hitler oder Mao Zedong, könnte man daran zweifeln, dass alles das Unendliche ist, dass alles gut ist, wie man es sieht. Wie könnten diese Menschen möglicherweise das Unendliche repräsentieren? Diese Frage steht in direktem Zusammenhang mit der Warnung an Adam in

Genesis 2, nicht vom Baum der Erkenntnis von Gut und Böse zu essen.

> Und von dem Baum der Erkenntnis des Guten und Bösen sollst du nicht essen; denn an dem Tag, an dem du davon isst, wirst du sterben!

Du fragst dich vielleicht, worum es bei dieser Warnung geht? Was ist der Baum der Erkenntnis von Gut und Böse? Disharmonie und der Baum der Erkenntnis von Gut und Böse sind verwandte Themen in Genesis 3, die wir im nächsten Kapitel besprechen werden. Lass uns zunächst mit Genesis 2 fortfahren.

Gleich im nächsten Satz von Genesis 2 finden wir den ersten Hinweis darauf, dass etwas *nicht gut ist*.

> Und YHVH ELOHIM sprach: „Es ist nicht gut, dass das Bodengeschöpf allein ist, ich will helfen, wie zuvor."

Ist *„nicht gut"* nicht dasselbe wie *„schlecht"*? In diesem Fall bedeutet „nicht gut" einfach „unvollständig". Im Wesentlichen sagt das Unendliche, dass mehr getan werden muss, um die ausgewogene Natur des Unendlichen widerzuspiegeln. *Nicht gut bedeutet* in diesem Fall nicht *schlecht* oder *böse*. Ich habe es unterstrichen, damit das *„nicht gut"* dich nicht vom Weg unserer Diskussion abbringt.

Die Tatsache, dass die Geschichte die Rollen von Männern und Frauen in Bezug auf die Schöpfung umkehrt – Eva wird aus Adam erschaffen – wirkt eher wie eine kulturelle Lehre mit dem Zweck eine patriarchale Gesellschaft zu stärken. Dieser Aspekt der Geschichte spiegelt nicht den Code wider.

Damit kommen wir zum letzten des in Genesis 2 enthaltenen Teil des Codes:

> Und die *beiden* waren nackt – das Bodenwesen und seine Frau – und sie schämten sich nicht.

Wenn du schon einmal mit kleinen Kindern zu tun hattest, kannst du wie Adam und Eva nackt herumlaufen, ohne dich auch nur ein bisschen zu schämen. Wenn du auf dein Leben zurückblickst, kannst du dich erinnern, wann du diesen unschuldigen Zustand verloren hast? Wie alt warst du da?

Adam und Eva befinden sich hier in einem Stadium der Unschuld, das dem von kleinen Kindern gleicht. Sie haben keine selbstbewusste Stimme in ihrem Kopf, die ihnen sagt, was andere Menschen von ihnen denken werden. Sie haben keine innere Stimme, die ihren Selbstwert oder den Wert der anderen misst. Der in Genesis 2 beschriebene unschuldige Geist ist ein Kernelement des Codes.

Der wichtigste Punkt, an den man sich in diesem Kapitel erinnern sollte, ist der reine Akt der Fürsorge, dieser ist der Auftrag des verkörperten Unendlichen – Adam und Eva. Solange sie sich im Fluss der Fürsorge befinden, spüren sie deutlich die Harmonie des Unendlichen in ihrem Leben.

Denke über dein Leben nach. Gibt es etwas, das du tust oder getan hast, das sich wie echte Fürsorge anfühlt? Es wäre ein Akt des Dienens, auf liebevolle Weise, der dir auf der Ebene des Egos nichts bringt. Was wir meinen, ist eine Gemeinschaft, in der jedem gedient wird, auch dir, ohne dass du das Gefühl hast, selbstbezogen oder abhängig zu sein. Was immer du tust, das dieser Definition entspricht, ist eine Aktivität, die mit deiner wahren Natur, dem Unendlichen in dir, im Einklang ist. Was auch immer diese Tätigkeit ist, sie kommt jedem und allem in irgendeiner Weise zugute. Du kannst dir erlauben, mehr davon zu tun.

Künstlerische, kreative und inspirierende Aktivitäten gehören am besten in die Kategorie der Fürsorge, denn sie nähren die Seele. Sie sind fürsorglich, solange du unschuldig, freudig und mit deinem ganzen Wesen daran teilnimmst und sie mit offenem Herzen teilst, ohne dich darum zu sorgen, wie du beurteilt werden könntest. Berühmt zu werden oder Geld für die Produkte dieser nährenden Aktivitäten anzunehmen, ist in Ordnung, solange Ansehen und Reichtum nicht die primären Motivationskräfte sind.

Kapitel 11

Die Schlange
Das egozentrische Unendliche

Die Schlange von Eden gilt seit Tausenden von Jahren als Feind Gottes, als der Stein des Anstoßes. Obwohl dies weder in Genesis 1-3 noch an anderer Stelle in der hebräischen Bibel direkt erwähnt wird, gilt die Schlange als das Wesen des Bösen – Satan. Wie wurde Satan mit der Schlange von Eden in Verbindung gebracht?

Im hebräischen Original gibt es keine Hinweise auf Satan als persönlichen Namen; stattdessen wird Satan als *„der Satan"* geschrieben. Moderne englische Übersetzungen stellen den Begriff jedoch fälschlicherweise als Personennamen dar. Um dieses Problem zu korrigieren, werde ich in meinem Kommentar bei der ursprünglichen Darstellung, *dem Satan,* bleiben.

Der Begriff *„Satan"* bedeutet einfach „Ankläger", „Widersacher" oder „sich widersetzen". Der Begriff kann auf jeden Widersacher, Ankläger oder Gegner angewandt werden, auch auf Menschen, wird aber auch mit Engelskräften in Verbindung gebracht, die angeblich von Gott „gesandt" werden.

Die erste Erwähnung dieser Art in der hebräischen Bibel findet sich in Numeri 22:22. Dort wird „*sata*"" als Verb verwendet, das „sich widersetzen" bedeutet:

> Aber GOTT war sehr zornig, als er sich näherte, und der Engel des HERRN stand auf der Straße, um ihm entgegenzutreten (dem Satan, ihm). Bileam ritt auf seinem Esel, und seine beiden Diener waren bei ihm.

Jeder, der auf der Straße stand und sich Bileam entgegenstellen wollte, wäre als *Satan*, als Gegner, bezeichnet worden. Die Verwendung des Begriffs „*Satan*" impliziert nicht, dass er böse ist. Alles, was sich einem Ziel in den Weg stellt, könnte im alten Hebräisch als *Satan* bezeichnet werden.

Ein weiterer Hinweis auf den *Satan* findet sich in 1 Könige 22. Der Prophet Micha berichtet König Ahab von einer Vision Gottes, in der ein Engel gesandt wird, um Satan, den Propheten Ahabs, zu täuschen:

> 19 Micha fuhr fort: „Darum hört das Wort des HERRN: Ich sah den HERRN auf seinem Thron sitzen, und die ganze Schar des Himmels stand um ihn herum, zu seiner Rechten und zu seiner Linken. 20 Und der HERR sprach: ‚Wer wird Ahab dazu verleiten, Ramoth-Gilead anzugreifen und dort den Tod zu finden?'
>
> Der eine schlug dies vor, der andere jenes. 21 Schließlich meldete sich ein Geist, trat vor den HERRN und sagte: ‚Ich will ihn verführen.'
>
> 22 ‚Mit welchen Mitteln?', fragte der HERR. ‚Ich will

hinausgehen und ein verführerischer Geist (das heißt für Satan) im Munde aller seiner Propheten sein', sagte er. ‚Es wird dir gelingen, ihn zu verführen', sagte der HERR. ‚Geh und tu es.'" Eine weitere Erscheinung des *Satans* findet sich im Buch Hiob. Im alten Hebräisch bezeichnet *der Satan* nicht den persönlichen Namen eines Engels, sondern eine Beschreibung seiner Aufgabe: in diesem Fall die Rolle des Widersachers von Hiob auf Wunsch Gottes. In modernen Bibelübersetzungen wird *der Satan* jedoch als persönlicher Name dargestellt, indem der erste Buchstabe zu „Satan" großgeschrieben wird."

In Hiob 1:6-8 wird beschrieben, wie die „Söhne Gottes" vor dem Allmächtigen erscheinen. Die Söhne Gottes werden als engelhafte Erscheinungsformen Gottes betrachtet, zu denen auch *der Satan* gehört. Man könnte dies als eine Form des Henotheismus betrachten, wobei die Engel, deren Namen auf ‚el' enden, Aspekte von oder Manifestationen von ELOHIM sind, wie in Kapitel 5 besprochen.

6 Eines Tages kamen die Engel, um vor den Herrn zu treten, und mit ihnen kam auch der Satan. 7 Der Herr sagte zum Satan: ‚Woher kommst du?' Der Satan antwortete dem Herrn: ‚Vom Umherziehen auf der Erde, vom Hin- und Hergehen auf ihr.' 8 Da sagte der Herr zum Satan: ‚Hast du an meinen Knecht Hiob gedacht? Es gibt niemanden auf der Erde wie ihn; er ist untadelig und aufrichtig, ein Mann, der Gott fürchtet und das Böse meidet.'

Der Satan deutet an, dass Hiobs Glaube nicht so stark ist und dass er Gott verfluchen wird, sobald die Dinge schlecht laufen. Daraufhin schickt Gott *den Satan* aus, um Hiob auf die Probe zu stellen, indem er sagt: ‚Nun gut, alles, was er hat, steht in deiner Macht, aber an dem Menschen selbst legst du keinen Finger.'

Aus dem Buch Hiob erfahren wir nicht nur, dass *der Satan* ein Engel ist, sondern auch, dass *der Satan* ein Versucher und Widersacher der Menschheit ist. Was wir zu übersehen scheinen, ist, dass *der Satan* ein ‚Sohn Gottes' ist, eine Erscheinung, die gemäß der Natur Gottes handelt. *Der Satan* arbeitet nach der hebräischen Bibel nicht wirklich gegen Gott, auch wenn das oberflächlich betrachtet so scheint. Das wäre selbst dann der Fall, wenn *der Satan* glauben würde, dass er gegen Gott arbeitet. Nichts ist außerhalb des Unendlichen oder in echter Opposition zu ihm, denn es gibt nichts, was sich dem Unendlichen tatsächlich entgegenstellen könnte.

Wie passt nun die Vorstellung, dass *der Satan* für das Unendliche arbeitet, in das verschlüsselte *Prinzip* der Genesis? In Genesis 3 geht es in seiner Gesamtheit um Selbstbewusstsein, Selbstversunkenheit und die daraus resultierenden Folgen, nämlich Arroganz, Scham, Schuld und Betrug. Genesis 3 kann ganz aus der Perspektive des Betrügers, *des Satans*, verstanden werden, der sein Bewusstsein der Einheit mit dem Unendlichen durch den Traum der Selbstversunkenheit verloren hat. *Der Satan* in Genesis 3 wird metaphorisch als die Schlange beschrieben. Werfen wir einen Blick auf Genesis 3 und beachten wir den unterstrichenen Text, der den für dieses Kapitel relevanten Code darstellt.

Kapitel **3**: <u>Und der Nachasch[55] war klug [56]– von allem Lebendigen auf dem Feld, das JHWH ELOHIM gemacht hat. Und er sagte zu der Frau: „Hat ELOHIM wirklich gesagt: ‚Ihr dürft von keinem Baum des Gartens essen'?"</u> **2** <u>Und die Frau sagte zu dem Nachasch: „Von den Früchten der Bäume des Gartens dürfen wir essen;</u> **3** <u>aber von den Früchten des Baumes, der in der Mitte des Gartens steht, hat ELOHIM gesagt: ‚Ihr dürft nicht davon essen, und ihr dürft ihn nicht anrühren, damit ihr nicht sterbt.'"</u> **4** <u>Und der Nachasch sagte zu der Frau: „Sterben wirst du *sicher* nicht![59]</u> **5** <u>Denn ELOHIM weiß, dass an dem Tag, an dem du davon isst, deine Augen geöffnet werden und du so sein wirst wie ELOHIM, der Gut und Böse kennt."</u>**6** <u>Und die Frau sah, dass der Baum gut *war*, um zu essen, und dass er eine Lust für die Augen *war, und* dass der Baum begehrenswert *war*, um Einsicht zu bewirken[c], und sie nahm von seiner Frucht und aß; und sie teilte sie mit ihrem Mann, und er aß.</u> **7** <u>Und die Augen der beiden wurden geöffnet, und sie erkannten, dass sie nackt *waren*; und sie nähten Blätter von einem Feigenbaum und machten sich Lendenschurze.</u> **8** <u>Und sie hörten die Stimme[62]_YHVH ELOHIMs, der im Wind des Tages im Garten umherging, und das Erdgeschöpf verbarg sich[c] und sein Weib vor dem Angesicht YHVH ELOHIMs in der Mitte des Baumes des</u>

---

[55] Heb *nachash*, gewöhnlich eine Schlange, aber es kann sich auch auf ein Meerestier beziehen (Amos 9:3; Jes 27:1), wobei das Ursprungswort „glänzen" (wie Messing) oder „zischen" wie in der Verzauberung bedeutet.

[56] Heb *'arum*, siehe vorheriger Vers; „nackt" hat den gleichen Ursprung und bedeutet „glatt" oder „glitschig".

[59] Die doppelte Verwendung des Verbs zeigt die Betonung an.

[62] D.h., Klang; im Hebräischen wird „Stimme" als Metapher für alle Arten von Klängen verwendet.

Gartens. **9** Und JHWH ELOHIM rief dem *Erdgeschöpf zu* und sagte zu ihm: „Wo *bist* du?" **10** Und er sagte: „Deine Stimme hörte ich im Garten, und ich fürchtete mich, denn ich *war* nackt, und ich war verborgen."**11** Und er sagte: „Wer hat dir gesagt, dass du nackt *bist*? Hast du von dem Baum gegessen, von dem ich dir gebot, nicht davon zu essen?" **12** Und das Erdgeschöpf sagte: „Die Frau, die du mir gegeben hast, *um* mit mir zusammen *zu sein* – sie gab mir von dem Baum, und ich aß." **13** Und YHVH ELOHIM sprach zu der Frau: „Was *ist* das, was du getan hast?" Und die Frau sagte: „Der Nachasch hat mich verführt, und ich habe gegessen." **14** Und YHVH ELOHIM sagte zu dem Nachasch: „Weil du das getan hast, *bist* du verflucht über jedes Tier und über alles Lebendige auf dem Feld; auf deinem Bauch wirst du wandeln, und Staub wirst du essen, solange du lebst. **15** Und ich will Feindschaft setzen zwischen dir und der Frau und zwischen deinem Samen und ihrem Samen;[66] *er* soll dich auf *den* Kopf schlagen, und *du* sollst ihn auf *die* Ferse schlagen." **16** Zu der Frau sagte er: „Ich will deine Not und deine Schwangerschaft reichlich machen[cc][68] deine Not[69] und deine Schwangerschaft; in der Not wirst du Söhne gebären, und nach deinem Mann *wird* dein Verlangen *sein*, und *er* wird in dir herrschen."[70] **17** Und zum *Bodengeschöpf* sagte er: „Weil du auf[73] die Stimme deiner Frau gehört hast und von

---

[66] Oder „Nachkommenschaft": Heb *zera'* bezieht sich normalerweise auf den männlichen „Samen", kann sich aber auch auf die weibliche Fortpflanzung beziehen (Gen 16,10; Lev 12,2).

[68] Die doppelte Verwendung des Verbs zeigt die Betonung an.

[69] Oder „Kummer", dasselbe Wort wie in V. 17b.

[70] D.h. in Bezug auf; vgl. Gen 4,7, wo derselbe Ausdruck verwendet wird.

[73] Lit „gehört zu".

dem Baum gegessen hast, von dem ich dir sagte, du sollst nicht davon essen, *ist* der Boden deinetwegen verflucht. Verflucht ist der Boden um deinetwillen, denn[74] du wirst von ihm essen, solange du lebst, **18** und er wird dir Dornen und Disteln sprießen lassen, und du wirst die Pflanzen des Feldes essen. **19** Im Schweiße deines Angesichts wirst du Brot essen, bis du zum Erdboden zurückkehrst, denn von ihm bist du genommen; denn Staub *bist* du, und zum Staub wirst du zurückkehren." **20** Und das Bodengeschöpf nannte den Namen seines Weibes Eva,[75] denn *sie* war die Mutter aller Lebenden. **21** Und YHVH ELOHIM machte für das *Bodengeschöpf* und seine Frau Kleider aus Fellen, und er kleidete sie. **22** Und YHVH ELOHIM sprach: „Siehe, das Bodengeschöpf ist geworden wie einer von uns, zu wissen, was gut und böse ist; und nun, damit es nicht seine Hand ausstrecke und auch von dem Baum des Lebens nehme und esse und ewig lebe. ![79]" **23** Und YHVH ELOHIM sandte ihn aus dem Garten Eden, um den Boden zu bearbeiten, von dem er genommen war. **24** Und er trieb das Bodengeschöpf aus und ließ es wohnen[c] im Osten des Gartens Eden die Cherubim und die Flamme des Schwertes, das sich drehte, um den Weg zum Baum des Lebens zu bewachen.

Wie du siehst, gibt es in Genesis 3 eine Menge zu verdauen, aber keine Sorge. Es ist wirklich nicht so kompliziert. Schauen wir uns

---

[74] Oder „Kummer", „Mühsal", dasselbe Wort wie in V. 16.

[75] Heb *chavah*, was „lebendig" bedeutet.

[79] D.h., ständig; hebräische Redewendung, die sich auf eine unbestimmte Zeit in der Zukunft oder in der Vergangenheit bezieht. Der Satz ist unvollständig und bricht ab, ohne den Gedanken zu Ende zu führen.

den ersten unterstrichenen Satz unten an, um die verschlüsselte Bedeutung zu verstehen:

Und der Nachasch[55] war klug[56]– von[57] allem Lebendigen auf dem Feld, das JHWH ELOHIM gemacht hatte.

Dieser einzige Satz sagt uns viel über die Schlange. Erstens haben wir das Wort Nachasch, das oberflächlich betrachtet Schlange bedeutet, aber dessen ursprüngliche Bedeutung von „glänzen" wie Messing und „zischen" wie ein Zauber herrührt. Die Schlange im Garten wird gemeinhin als physische Schlange betrachtet, aber diese buchstäbliche Sichtweise enthüllt den Code nicht. Schau dir die ursprünglichen Bedeutungen an, um ein besseres Gefühl dafür zu bekommen, was hier vor sich geht – eine glänzende Verzauberung.

Die Schlange ist eine Metapher für ein verlockendes Gefühl oder einen Gedanken, den man nicht ignorieren kann. In Genesis 3 können wir sehen, dass ein verlockendes Gefühl oder ein verlockender Gedanke von Evas Verstand Besitz ergriffen hat, nicht unähnlich dem Gedanken an ein bestimmtes Wohlfühlessen, das sich in unseren Köpfen festsetzt und uns zwingt, zu essen, obwohl es nicht gesund oder notwendig ist. Das gleiche verlockende Gefühl oder Gedankenmuster entsteht bei Auseinandersetzungen, wenn wir wissen, dass wir etwas Bestimmtes besser nicht sagen sollten, es aber trotzdem sagen, nur um noch mehr Disharmonie zu erzeugen.

---

[55] Heb *nachash*, gewöhnlich eine Schlange, aber es kann sich auch auf ein Meerestier beziehen (Amos 9:3; Jes 27:1), wobei der Ursprung von „glänzen" (wie Messing) oder „zischen" wie bei einer Verzauberung herrührt.

[56] Heb *'arum*, siehe vorheriger Vers; „nackt" hat den gleichen Ursprung und bedeutet „glatt" oder „glitschig".

[57] D.h. schlauer im Gegensatz zu („weg von") jedem anderen.

Wenn wir uns so unharmonisch verhalten, fühlen wir uns normalerweise gezwungen, uns zu rechtfertigen. Wenn du dieses Phänomen schon einmal erlebt hast, dann hast du eine Ahnung davon, was Eva in Genesis 3 erlebt.

Bevor wir das Trostessen gegessen oder das gesagt haben, was wir nicht hätten sagen sollen, erlebten wir eine innere Disharmonie, unser Verhalten verstärkte. Die Frage ist: Welche Disharmonie war der Auslöser für Evas Verhalten? Welche Disharmonie in Eva suchte Trost?

Beachte, dass die Schlange Eva mit dem Unendlichen verglich und ihr damit suggerierte, dass sie unzulänglich sei. Die Disharmonie war ein Gedanke in Evas Verstand, der ihr suggerierte, sie sei vom Unendlichen getrennt und weniger als dieses und verdiene daher die Liebe des Unendlichen nicht. Eva bewertete sich selbst als schlecht. Noch bevor uns die Geschichte dies erzählt, hat sie bereits vom Baum der Erkenntnis von Gut und Böse gegessen und leidet unter den Folgen von Selbstzweifeln und Betrug.

Der Zweifel am Selbstwert ist die erste Abweichung von der Harmonie, die ein religiös denkender Mensch als erste Sünde bezeichnen könnte. Das Urteil im Fall von Eva lautete: „Ich bin nicht gut genug", „Ich bin unzureichend", „Ich verdiene es nicht, geliebt zu werden". So viele von uns haben genau dasselbe gefühlt. Diese trügerischen Gedanken und Gefühle stimulieren die Suche nach Identität, die die Menschheit in ihrer Selbstversunkenheit gefangen hält.

Seit Tausenden von Jahren wird uns erzählt, dass die Erbsünde, für die die gesamte Menschheit den Preis zahlen muss, darin besteht, dass ein junges Paar entgegen dem Gebot Gottes einen Apfel oder eine Quitte gegessen hat. Man hat uns gesagt, dass diese Sünde des Ungehorsams nicht vergeben werden kann.

Die Geschichte ist symbolisch, ähnlich wie unsere Träume. Was verzehrt wurde, war keine Frucht, sondern Selbstverurteilung und die Täuschung, dass man die Fähigkeit haben könnte, seinen essenziellen Wert tatsächlich zu messen. Eva beurteilte sich selbst als unwürdig, was ihrer Natur als Verkörperung des Unendlichen zuwiderläuft. Fast jeder von uns ist täglich mit moralischen Urteilen konfrontiert, nicht wahr? Es kann sich dabei um Selbsturteile oder um Urteile über andere handeln. In jedem Fall verlieren wir unseren Sinn für Unschuld und den Zauber des Lebens, und das ist es, was die Warnung „Und von dem Baum der Erkenntnis des Guten und Bösen sollst du nicht essen; denn an dem Tag, an dem du von ihm isst, <u>wirst du sterben!</u>" bedeutet. Auch wenn manche meinen, die Warnung beziehe sich auf den physischen Tod, da die Geschichte eine Allegorie ist, glaube ich, dass wir klugerweise auf die tiefere spirituelle Bedeutung achten sollten: den Tod der Unschuld. Der Verlust der Unschuld ist eine Form des geistigen Todes.

Betrachten wir nun die Art und Weise, wie die Schlange Eva in Versuchung führte, die ein Spiegelbild der vielen Versuchungen in unserem Leben ist. „Wer stirbt, *wird* nicht sterben", sagte sie. Versuchen wir nicht manchmal, uns selbst davon zu überzeugen, dass wir mit betrügerischen Gedanken und Verhaltensweisen davonkommen können? Verharmlosen wir unser Fehlverhalten nicht als eine kleine, harmlose Sache, die man verstecken kann oder die niemand bemerkt – dass es keine große Sache ist? Das ist genau das, was der Satz „Sterben – du wirst *sicher* nicht sterben!" hier bedeutet.

Es ist immer ein Preis zu zahlen, und es führt kein Weg daran vorbei. Der Preis ist nicht immer offensichtlich, aber er wird in vollem Umfang durch den Verlust der Unschuld, der Verlust des Zaubers des Lebens, bezahlt. Die Schlange steht für den Teufel, an den du deine Seele verkauft hast.

Das erste Wort, „Sterben", steht für die unmittelbare Trennung von der Realität, die Täuschung bedeutet. Vielleicht musst du dich an deinen ersten, großen Betrug zurückerinnern, um dich an das damalige Gefühl der enormen Selbstversunkenheit zu erinnern. Das „nicht *sicher* sterben" ist der Punkt, an dem der schlaue Verstand sein Spiel mit der Realität treibt. Die Betonung auf „*sicher*", in Kursivschrift dargestellt, vermittelt uns die Vorstellung, dass wir das Gesetz des Universums irgendwie umgehen können, wenn wir clever genug sind.

Auf der seelischen Ebene kommen wir mit absolut nichts davon. Wir bezahlen mit dem Verlust der Unschuld. Und wenn die Unschuld so weit zerstört ist, dass unser Gewissen ausgeschaltet ist, dann interessiert es uns vielleicht nicht einmal mehr, uns zu rechtfertigen. Wir tun einfach, was immer unsere Zwänge uns sagen, ohne einen Gedanken an die Konsequenzen zu verschwenden – ein geistig dunkler Ort, in der Tat.

Aber wir sollten den Fehler nicht wiederholen, indem wir Eva die Schuld geben, wie es die Menschen seit Tausenden von Jahren tun. Zum ersten Mal in ihrem Leben litt Eva unter Mangel an Selbstbewusstsein. Es ist, als käme man in die Pubertät und würde plötzlich von Gefühlen und Trieben überwältigt, die man nicht versteht und nicht ohne weiteres kontrollieren kann. Die moralische Verurteilung war nicht unbedingt ihre Schuld; sie war vielmehr das Ergebnis der natürlichen Entwicklung und der körperlichen Reifung sowie des unbegründeten Glaubens, dass sie mit ihrem Betrug durchkommen würde, dass er unbemerkt bliebe und ihre Schulden nicht bezahlt werden würden.

Eva übertrug dann das Gefühl der Unsicherheit auf Adam und öffnete ihm die Augen für das Selbstbewusstsein und die moralische Beurteilung seiner selbst. Im Allgemeinen kommen Mädchen vor den Jungen in die Pubertät, d. h. sie reifen schneller. Das ist genau das, was hier geschieht. Eva wurde vor Adam reif, was bedeutet, dass es keine Erbsünde gibt. Denke daran, wie verwirrend und selbstsüchtig die Teenagerjahre sein können und wie alles verzehrend das eigene Selbstbewusstsein sein kann.

Als die Selbstsucht die Oberhand gewann, schämten sich Adam und Eva ihrer Nacktheit und bedeckten ihre Geschlechtsteile mit Lendentüchern aus Feigenblättern. Betrachte nun kleine Kinder, wie sie nackt in der Öffentlichkeit herumlaufen können ohne keine Scham zu empfinden. Solange Kinder kein Selbstbewusstsein haben, empfinden sie keine Scham.

Unschuld sollte nicht mit bestimmten Verzichtspraktiken in einen Topf geworfen werden, wie z. B. die der Jain-Mönche, die sich gegen Komfort und Kleidung aussprechen, indem sie sich in der Öffentlichkeit nackt zeigen. Entsagung ist nicht Unschuld. Verzicht ist, allgemein gesprochen, der Verzicht auf das Streben nach materiellen Annehmlichkeiten mit dem Ziel, spirituelle Erleuchtung zu erlangen. Der Mensch verzichtet erst dann auf Dinge, wenn er seine Unschuld verloren hat. Ich sage nicht, dass Verzicht falsch ist. Es ist nur nicht genau dasselbe wie Unschuld.

Genesis 3 erzählt uns von dem Moment, als Adam und Eva ihre Unschuld durch natürliche Reifung und die anschließende Entwicklung des Selbstbewusstseins verloren haben. Was sie erlebten, unterscheidet sich nicht wesentlich von dem Moment, in dem wir als kleine Kinder selbstbewusst werden und unsere Unschuld verlieren.

Ich für meinen Teil empfand die Welt als magisch, bis ich im Kindergarten einen Test für Farbenblindheit machte. Uns wurde nicht gesagt, worum es bei dem Test ging, sondern nur, dass wir einige farbige Dias durch eine Linse betrachten und alle Zahlen nennen sollten, die wir auf den farbigen Dias sahen. Andere Kinder riefen aufgeregt alle Zahlen auf. Ich konnte keine einzige Zahl erkennen und fing an zu weinen, weil ich dachte, dass ich dumm sei. Die Lehrerin schaute mich am Ende des Tests an und sagte: „Mach dir keine Sorgen. Es ist alles in Ordnung mit dir." Ihre Antwort vergrößerte meine Besorgnis noch. Offensichtlich stimmte etwas mit mir nicht. Ich nahm an, dass es mir an Intelligenz mangelte. Ihr Versuch, meine Andersartigkeit herunterzuspielen, bestätigte nur meinen Verdacht. Wir alle hatten schon solche Momente. Vielleicht ist es unvermeidlich.

Überlege, wie sich das Selbstbewusstsein in unserer Erfahrung zuerst manifestiert. In der Kindheit erleben wir, wie Menschen sich selbst oder andere beurteilen. Und so beginnen wir zu ahnen, wie wir beurteilt werden könnten. Es kann sein, dass wir schon einige Zeit beurteilt worden sind, bevor wir bewusst genug werden, um ein Urteil zu erwarten. Wenn wir als kleine Kinder erkannt haben, dass wir beurteilt werden können, wird die Selbstbeurteilung zur Grundlage unserer persönlichen Identität.

Die Selbstverurteilung scheint eine natürliche Phase im Sozialisationsprozess des Menschen zu sein, also der geistige Tod, über den wir vorhin im Zusammenhang mit Gottes Warnung „Wenn ihr sterbt, werdet ihr sicher sterben" gesprochen haben. Wenn wir noch Babys sind, sind wir einfach nicht in der Lage zu erkennen, wie andere über uns oder unsere Handlungen denken. Ohne eine angemessene Sozialisierung wären wir nicht in der Lage, mit anderen zu spielen und zu kooperieren, was ein furchtbares Ergebnis wäre.

Da wir Menschen keine Reißzähne, kein Fell und keine Klauen haben, benötigen wir ein viel höheres Maß an Sozialisierung als die meisten anderen Tiere. Das Selbstbewusstsein ist notwendig für den Grad der Sozialisierung, den wir zum Überleben benötigen. Selbstbewusstsein kann notwendig sein, um Kinder so zu sozialisieren, dass sie in der Gruppe akzeptiert werden, aber dies hat seinen Preis.

Selbstverurteilung schmerzt zutiefst, und wenn sie einmal begonnen hat, raubt sie dem Leben den Zauber. Wir alle fallen aus der Unschuld, wenn die metaphorische Schlange uns ins Ohr flüstert: „Du bist nicht gut genug", „Du bist unzureichend", „Du verdienst keine Liebe", und wir ihr Glauben schenken. Wenn diese anfängliche Täuschung geschieht, beginnt eine Disharmonie in uns zu wachsen wie ein bösartiges Krebsgeschwür, das die Suche nach einer Identität anregt, in der wir uns sicher oder stark fühlen.

Vielleicht kannst du mit negativer Selbstbeurteilung nichts anfangen, weil du das Gefühl hast, dass du im Vergleich zu anderen großartig bist. Die Versuchung könnte groß sein, anzunehmen, dass *das Prinzip* in diesem Fall nicht auf dich zutrifft. Das wäre ein Fehler, denn *das Prinzip* gilt für alle Formen von Selbstwerturteilen, auch für solche, die vergleichsweise positiv sind. Auf diesen Aspekt des *Prinzips* werden wir in Teil 4 näher eingehen.

An dieser Stelle wird die Genesis-Geschichte ein wenig kontraintuitiv. Aus der kurzsichtigen Perspektive der egozentrischen Menschheit erscheint die Schlange schlecht, genauso wie unsere negativen Gedanken und Urteile schlecht erscheinen. Es hilft, sich daran zu erinnern, dass es nichts außerhalb des Unendlichen gibt und das Unendliche sieht alles als gut an. Wir müssen nur unsere Augen öffnen, um das große Ganze zu sehen.

Mit dem Gedanken an ein unendliches Gut im Hinterkopf sollten wir die Möglichkeit in Betracht ziehen, dass die Schlange in dieser Allegorie eine Funktion des Unendlichen erfüllt. Gehen wir davon aus, dass die Selbstbeurteilung ein notwendiger Schritt unserer Entwicklung ist. Das Urteilen ist das Wesen des *Satans*; das heißt, das Urteilen ist ein Synonym für den *Satan*. Aus dem obigen Text kannst du entnehmen, dass *der Satan* als Verführer und Gegner beschrieben wird. Das Buch Sacharja ist der Beginn dieser Assoziation.

Im Buch Sacharja vertritt Josua, ein Hohepriester, das Volk Juda in einem Prozess wegen seiner Sünden. Während des Prozesses ist Gott der Richter, während *der Satan* der Ankläger ist. Im Folgenden findest du die entsprechende Passage aus Sacharja 3,1:

> 3 „Dann zeigte er mir den Hohenpriester Josua, der vor dem Engel des HERRN stand, und den Satan, der zu seiner Rechten stand, um ihn anzuklagen."

Aus den vielen Stellen, die wir bisher in diesem Kapitel gelesen haben, können wir entnehmen, dass *der Satan* als Widersacher, Ankläger, Verführer, Ankläger und Engel beschrieben wird. Die Verbindung zwischen den Eigenschaften der Schlange und denen des *Satans* ist offensichtlich. Schauen wir uns an, was in Genesis 3 als nächstes passiert.

> **8** Und sie hörten die Stimme YHVH ELOHIMS, der im Wind des Tages im Garten umherging, und das Erdgeschöpf verbarg sich[c] und sein Weib vor dem Angesicht[p] YHVH ELOHIMS in der Mitte der Bäume[s] des Gartens. **9** Und JHWH ELOHIM rief dem *Erdgeschöpf zu* und sagte zu ihm: „Wo *bist* du?" **10** Und er sprach: „Deine Stimme hörte ich im Garten, und ich fürchtete mich, denn ich *war* nackt; und ich war verborgen." **11** Und er sagte: „Wer hat dir gesagt, dass du nackt *bist*? Hast du von dem Baum gegessen, von dem ich dir gebot, nicht von ihm zu essen?" **12** Und das Erdgeschöpf sagte: „Die Frau, die du mir gegeben hast, *um* mit mir zusammen *zu sein* – sie gab mir von dem Baum, und ich aß."

In ihrer Scham und Schuld versuchen Adam und Eva, sich zu verstecken. Als Gott verrät, dass er weiß, dass sie vom Baum der

Erkenntnis von Gut und Böse gegessen haben, wendet sich Adam um und beschuldigt Eva und Gott gleichzeitig, denn Gott hat Eva erschaffen und hätte wissen müssen, dass sie von dem Baum essen würde. Um die Schuld von sich abzulenken, verweist Eva auf die Schlange als Ursache für ihren Ungehorsam. Natürlich ist die Schlange ebenso wie Eva ein Geschöpf Gottes, sodass ihre Schuld auch auf Gott zurückfällt.

Infolge des Selbstbewusstseins leiden die Kinder nun unter einer Dreifachbelastung: Scham, Tadel und Schuld. Gott verflucht alle drei Parteien, Eva, Adam und die Schlange:

14 Und YHVH ELOHIM sprach zu dem Nachasch: „Weil du das getan hast, *bist* du verflucht über jedes Tier und über alles, was auf dem Felde lebt; auf deinem Bauche wirst du wandeln, und Staub wirst du essen, solange du lebst[p]. **15** Und ich will Feindschaft setzen zwischen dir und der Frau und zwischen deinem Samen und ihrem Samen;[66] *er* soll dich auf *den* Kopf schlagen, und *du* sollst ihn auf *die* Ferse schlagen.“ **16** Zu der Frau sprach er: „Ich will deine Not und deine Schwangerschaft reichlich machen[c]; in der Not wirst du Söhne gebären, und nach deinem Mann *wird* dein Verlangen *sein*, und *er* wird in dir herrschen.“[71] **17** Und zum *Bodengeschöpf* sagte er: „Weil du auf[72] die Stimme deines Weibes gehört hast und von dem Baum gegessen hast, von dem ich dir gebot, du sollst nicht davon essen, *ist* der Boden deinetwegen verflucht. Verflucht ist der Boden

---

[66] Oder „Nachkommenschaft": Heb *zera'* bezieht sich normalerweise auf männlichen „Samen", kann sich aber auch auf weibliche Fortpflanzung beziehen (Gen 16,10; Lev 12,2).

[71] D.h. in Bezug auf; vgl. Gen 4,7, wo derselbe Ausdruck verwendet wird.

[72] Lit „gehört zu".

um deinetwillen, denn[74] du wirst von ihm essen, solange du lebst[P], **18** und er wird dir Dornen und Disteln wachsen lassen, und du wirst die Pflanzen des Feldes essen. **19** Im Schweiße deines Angesichts wirst du Brot essen, bis du zum Erdboden zurückkehrst, denn von ihm bist du genommen; denn Staub *bist* du, und zum Staub wirst du zurückkehren."

Die Antwort scheint eine Menge Gericht und Fluch von einem allgegenwärtigen, allliebenden, allwissenden, allmächtigen Gott zu sein, der gewusst haben muss, dass Adam und Eva vom Baum der Erkenntnis von Gut und Böse essen würden, als „er" sie erschuf und sie in den Garten mit diesem verführerischen Baum setzte. Das Gericht und die Flüche Gottes scheinen nicht mit dem in Genesis 1 dargestellten Gott übereinzustimmen. Dort sah ELOHIM nur das Gute.

Der Schlüssel zum Verständnis von Genesis 3, zur Auflösung dieses scheinbaren Widerspruchs, liegt in der Erkenntnis, dass jedes einzelne Wort darin eine Projektion des von sich selbst eingenommenen Verstandes ist. Die gesamte Geschichte entfaltet sich aus der Perspektive der „Schlange", der Perspektive, die aufgrund der natürlichen Selbstversunkenheit, die das Selbstbewusstsein ermöglicht, das Gefühl der Einheit mit *allem, was ist,* verloren hat. Im Wesentlichen hat das verkörperte Unendliche seine unendliche Natur vergessen und ist in der persönlichen Identifikation gefangen.

Genesis 3 stellt in weiten Teilen die Entwicklung des verkörperten Unendlichen durch die Vergrößerung des menschlichen Gehirns dar, die zu einem erhöhten Grad an Selbstbewusstsein und dem daraus resultierenden

---

[74] Oder „Kummer", „Mühsal", dasselbe Wort wie in V. 16.

Urteilsvermögen führt. Das metaphorische Essen vom Baum des Guten und des Bösen stellt eine Entwicklung im Menschen dar, die es uns ermöglicht,⁕ die spezifischen Arten von Intelligenz zu erkennen, die die menschlichen, geistigen Fähigkeiten von denen anderer Tiere unterscheiden. Wir können den Beweis in der folgenden Aussage aus Genesis 3 sehen:

„Ich mache reichlich[c] – ich werde reichlich machen[c] – deine Not und deine Schwangerschaft; in der Not wirst du Söhne gebären, und nach deinem Mann *wird* dein Verlangen *sein,* und *er* wird in dir herrschen."

Viele der Gründe dafür, dass Frauen vor der Moderne so sehr auf Männer angewiesen waren, um zu überleben, waren biologischer Natur. In erster Linie gab es bis zur Mitte des zwanzigsten Jahrhunderts keine zuverlässigen Mittel zur Geburtenkontrolle, was dazu führte, dass die meisten reifen Frauen fast ständig schwanger waren, insbesondere die Frauen, die in primitiveren Verhältnissen lebten.

Die lange Tragzeit von neun Monaten, die erforderlich ist, um ein menschliches Baby auf die Geburt vorzubereiten, ist viel länger als bei den meisten anderen Tieren. Die wichtigsten Ausnahmen sind Gorillas (8,5 Monate), Wale (10-14 Monate) und Elefanten (etwa 20 Monate), allesamt hochintelligente Tiere, von denen Wissenschaftler vermuten, dass sie sich auch ihrer Selbst bewusst sind. Während der menschlichen Schwangerschaft sind werdende Mütter sehr verletzlich und brauchen Schutz und Unterstützung.

Was die Schmerzen bei der Geburt angeht, die in Gottes Fluch gegen die Frauen in Genesis 3 erwähnt werden, so sind die Köpfe menschlicher Babys bei der Geburt so groß, dass die Breite der weiblichen Hüften im Laufe der Äonen notwendigerweise zugenommen hat, damit das Baby durch den Geburtskanal passen kann. Biologen gehen weitgehend davon aus, dass die Hüften von Frauen bereits ihre maximale evolutionäre Breite erreicht haben. Würden die Hüften noch viel breiter werden, könnten Frauen nicht mehr laufen. Wegen der großen Köpfe ist die Geburt für die meisten Frauen eine mühsame und schmerzhafte Erfahrung. Wenn dabei etwas schiefgeht, ist die Wahrscheinlichkeit, dass sie sterben, viel höher als bei anderen Tieren.

Lange Schwangerschaftszeiten, die Schmerzen und Gefahren der Geburt, der lange Entwicklungszyklus der Kinder nach der Geburt, die nahezu ständige Pflege und Betreuung, die erforderlich sind, um ein gesundes, funktionierendes menschliches Wesen aufzuziehen, sowie die Tatsache, dass die Menschen bis in die 1960er Jahre keine zuverlässige Geburtenkontrolle hatten: All diese Faktoren machten die Frauen in hohem Maße abhängig von ihren Männern und den anderen Menschen in ihren Clans.

Genesis 3 ist eine Beschreibung der natürlichen Auswirkungen der Entwicklung des menschlichen Gehirns hin zu einem gesteigerten Selbstbewusstsein und damit verbundenen geistigen Fähigkeiten. Mit dem gesteigerten Selbstbewusstsein, das unsere größeren Gehirne mit sich bringen, gepaart mit der Unkenntnis unserer wahren Natur, verurteilen wir uns selbst, andere, das Universum und – stellvertretend – das Unendliche fast ständig. Genesis 1-3 warnt uns, dass die Selbstversunkenheit die Ursache für unser Leiden ist.

Wir haben uns fast ausschließlich auf unsere besondere Art von Intelligenz verlassen, um zu überleben, insbesondere indem wir uns auf eine Art und Weise von der Natur isoliert haben, wie es anderen Lebewesen nicht möglich ist. In dem Prozess, uns selbst zu schützen, hat eine psychologische Trennung von unserer tiefsten Natur, unserem eigenen Körper und unserer gefühlten

Verbindung mit dem Unendlichen stattgefunden. Kurz gesagt, wir fühlen uns infolge des Todes der Unschuld zutiefst allein.

Der Sündenfall liegt nicht in der Vergangenheit, sondern findet in diesem Augenblick statt, ebenso wie die Möglichkeit der Rückkehr nach Eden. Um diesen Gedanken zu verstehen, solltest du zunächst die folgende Übersetzung von scripture4all.org genau betrachten. Sie zeigt das Hebräische (von rechts nach links) und die wörtliche englische Übersetzung darunter, die von links nach rechts verläuft.

3:24 מְקֶדֶם ... וַיַּשְׁכֵּן אֵת ־ הָאָדָם ... וַיְגָרֶשׁ
m·qdm ... u·ishkn ath - e·adm ... u·igrsh
from·east ... and·he-is-causing-to-tabernacle the·human » and·he-is-driving-out

הַמִּתְהַפֶּכֶת הַחֶרֶב לַהַט וְאֵת הַכְּרֻבִים אֵת ־ עֵדֶן ־ לְגַן
e·mthephkth e·chrb let u·ath e·krbim - ath odn - l·gn
the·one-turning-herself the·sword flame-of and·» the·cherubim » Eden to·garden-of

לִשְׁמֹר אֵת ־ דֶּרֶךְ עֵץ הַחַיִּים ס :
l·shmr ath - drk otz e·chiim : s
to·to-guard-of » way-of tree-of the·lives

https://www.scripture4all.org/OnlineInterlinear/OTpdf/gen3.pdf

„und-er-vertreibt   »den-Menschen-aus-der-Hütte-aus-dem-Osten-zum-Garten-von-Eden »die-Tscherubim-und·» Flamme-des-Schwertes-die,die-sich-selbst-dreht·um-den-Weg-zum-Baum-der-Leben-zu-bewachen"

Bitte beachte, dass das Hebräische und die wörtliche Übersetzung im Präsens stehen, wie man an „Er <u>vertreibt </u>den Menschen" und „die, die sich selbst dreht" sehen kann. Lies nun aufmerksam die finale englische Übersetzung:

24 Und er <u>trieb </u>den Menschen <u>hinaus und setzte</u> vor den Garten Eden Cherubim und ein flammendes Schwert, das <u>sich </u>nach allen Seiten <u>wandte,</u> um den Weg zum Baum des Lebens zu bewachen.

Beachte, dass der Text vollständig in der Vergangenheitsform mit den Verben „vertreiben", „stellen" und „wenden" wiedergegeben wird. Die Vergangenheitsform ist eine angenommene Bedeutung, die von den Übersetzern eingefügt wurde und zu einer ganz anderen Bedeutung als dem hebräischen Originaltext führt. Wenn du dir die wörtliche Übersetzung in grüner Schrift direkt unter dem hebräischen Text genau ansiehst und sie mit der endgültigen Übersetzung vergleichst, wirst du feststellen, dass die Übersetzung viele Annahmen enthält, die in die Irre führen können. Für unsere Zwecke in diesem Kapitel reicht es aus, den Wechsel von der korrekten, kontinuierlichen Gegenwartsform zur falschen Vergangenheitsform zu bemerken.

Wenn wir uns diese einfache Korrektur der Zeitform vor Augen halten, können wir erkennen, dass die Menschheit nicht zu einem fernen Zeitpunkt in der Vergangenheit unwiederbringlich in Ungnade gefallen ist. Nein, es geschieht gerade jetzt, aufgrund der Selbstabsorption, die wir in unserem täglichen Leben erleben. Und diese Botschaft gibt uns Hoffnung, denn wenn die Selbstabsorption gerade jetzt ein Gefühl der Trennung hervorruft, bedeutet das, dass wir jetzt etwas dagegen tun können, indem wir uns bemühen, jetzt ein bisschen weniger selbstsüchtig zu sein und jeden Tag ein bisschen weniger selbstsüchtig zu sein. Wir kennen jetzt den Weg zum Baum des Lebens oder zum „Baum der Leben", wie er oben beschrieben ist!

Um uns in eine gesunde Richtung zu bringen, solltest du jeden Tag einige Zeit damit verbringen, dir die Momente des Tages zu vergegenwärtigen, in denen du deinen eigenen Wert oder den einer anderen Person gemessen oder beurteilt hast. Achte darauf, wann du Scham, Verurteilung, Schuldgefühle oder Arroganz empfunden hast. Lass diese Gefühle los, denn sie sind nicht hilfreich.

Anstatt sich selbst mit unwirksamen Energien wie moralischer Verurteilung zu geißeln und das Leiden von Adam und Eva fortzusetzen, überlege einfach, was du in deinem Leben bevorzugen würdest, wenn du dich selbst wirklich lieben und so vollständig wie möglich sein willst. Würdest du das Verhalten, für das du dich und andere verurteilst, fortsetzen wollen? Wenn nicht, dann übe weniger von diesem Verhalten aus und mehr von dem, das dich in eine gesunde Richtung führt.

Indem du dein moralisches Urteil reduzierst, weniger von dem tust, was für dein langfristiges Wohl ungesund ist und mehr von dem, was gesund ist, unterstützt dein Beispiel andere dabei, ebenfalls gesunde Veränderungen vorzunehmen und sich frei von moralischem Urteil zu machen. Mit täglicher Beharrlichkeit kann diese Praxis zu enormer innerer Klarheit und Befreiung führen. Und denke daran: Eine Erbsünde gibt es nicht und hat es auch nie gegeben.

Kapitel 12

Die Karten des Lebens

Wie wir in Kapitel 9 gesehen haben, zeichnet Genesis 1 die Perspektive des körperlosen Unendlichen nach, wie es den Kosmos, den Himmel, das Wasser, die Erde, die Flora, die Fauna und die Menschheit als vollkommenes Abbild seiner selbst sieht. Kapitel 10 befasst sich mit Genesis 2 und wie es die Erfahrung des Unendlichen mit sich selbst durch das Leben der frühen Menschen nachzeichnet. Genesis 2 erzählt von einer unschuldigen, harmonischen Beziehung zwischen der Menschheit und der Umwelt. Kapitel 11 befasst sich mit Genesis 3. Hier wird der Prozess unterstrichen, durch den das Unendliche die Erfahrung des individuellen Selbstbewusstseins und der Selbstversunkenheit macht. Da Genesis 3 den gegenwärtigen Zustand der Menschheit widerspiegelt, wollen wir uns die Implikationen dieses Textes genauer ansehen.

Genesis 3 fungiert als Schema des menschlichen Bewusstseins, das wir auf drei verschiedene Prozesse der menschlichen Erfahrung übertragen können. Wie ich bereits angedeutet habe, umfasst Genesis 2-3 den Evolutionsprozess des Menschen, der sich von einer primitiveren Hominidenart zum Homo sapiens entwickelt, sowie den natürlichen Reifungsprozess der kindlichen Entwicklung. Es liest sich auch wie ein Leitfaden für die Erfahrung der Meditation oder des Gebets. Ich glaube, wir haben genug über die evolutionäre Thematik gesprochen. Lass uns daher in diesem Kapitel mehr über die beiden anderen Themen sprechen, den Prozess der kindlichen Entwicklung und den Prozess des Gebets und der Meditation. Lass uns zuerst über den Meditationsprozess sprechen.

Wenn wir tief genug meditieren oder beten, können wir, wie von vielen Menschen bereits bestätigt, dem Unendlichen begegnen, so wie ich, als ich mir als junger Mann den Knöchel brach. Die Erfahrung kann Minuten, Stunden oder Tage dauern, bevor das Gefühl eines isolierten Selbst allmählich zurückkehrt. Während die reine Erfahrung des Unendlichen von uns abfällt, bleibt das Gefühl der Verbundenheit und der Gemeinschaft mit unserer Umgebung eine Zeit lang bestehen. Es kann sich anfühlen, als ob alles auf einer tieferen Ebene lebendig und bewusst wäre, so wie Adam und Eva ein Gefühl der Harmonie mit sich selbst, ihrer Umgebung und dem Unendlichen erlebten. Irgendwann kehrt das Gefühl des Selbst bis zu einem gewissen Grad zurück und wir finden uns mehr oder weniger in unserem selbstbezogenen Verstand wieder, aber mit einer Erinnerung an diese unendliche Erfahrung, die uns als führendes Licht dient und uns hilft, uns in unserem täglichen Leben ein wenig mehr für das Unendliche zu öffnen.

Leser, die eine direkte Erfahrung des Unendlichen durch Meditation, Gebet oder mystische Erfahrung gemacht haben, werden sich wahrscheinlich mit den Phasen des oben beschriebenen Prozesses identifizieren können. Wenn du solche Erfahrungen nicht gemacht hast, kannst du diesen Teil der Genesis-Geschichte vielleicht auf andere Weise nachvollziehen – beispielsweise durch den pränatalen und postnatalen Entwicklungsprozess des Kindes.

Ausgehend von der Vorstellung, dass das Bewusstsein, die Fähigkeit zu bezeugen, von grundlegender Bedeutung ist, gehen wir davon aus, dass bei einem menschlichen Fötus der erste Sinn einfach das Bewusstsein des Seins ist, ohne jeden anderen Sinn. Auf dieser grundlegenden Entwicklungsstufe hat die Person wahrscheinlich keine mentale Erzählung, keine innere Stimme, kein Gefühl für ein bestimmtes Selbst. Das Gefühl des Seins ist grenzenlos, weil die Propriozeption, ein Sinn, der anzeigt, wo die Grenzen des Körpers im Verhältnis zum Raum um ihn herum liegen, noch nicht entwickelt ist. Ohne ein Gefühl für Grenzen fühlt man sich unbestimmt.

Wenn sich das Nervensystem weiterentwickelt, stimulieren Gefühle von Unbehagen instinktive Bewegungen, um Schmerzen zu vermeiden. Diese instinktive Bewegung verfeinert die Wahrnehmung des Gehirns für Bewegungen. Infolgedessen kann der Fötus alle Bewegungen – die seiner Mutter und seine eigenen – wahrnehmen, aber er ist nicht in der Lage, die Quelle der Bewegung zu differenzieren. Für den Fötus gibt es wahrscheinlich nur das Bewusstsein des Seins, das Bewusstsein des Wohlbefindens im Gegensatz zum Unbehagen und das Bewusstsein der Bewegung im Gegensatz zur Stille. Es gibt noch keinen Sinn für anderes, obwohl das Bewusstsein für Unbehagen und Bewegung durch die weitere Entwicklung des zentralen

Nervensystems und des Gehirns schließlich zu diesem Bewusstsein führen wird.

Die grundlegenden Sinne des Sehens, Riechens, Schmeckens und Hörens werden dann zu einem Teil der Erfahrung des Fötus, zunächst vage, aber zunehmend anregender. Mit der weiteren Entwicklung dieser Sinne wächst auch das Gefühl, dass manche Geschmäcker und Gerüche angenehm und andere unangenehm sind. Licht wird vage wahrgenommen, ähnlich wie Erwachsene Licht und Dunkelheit durch geschlossene Augenlider wahrnehmen können. Manche Geräusche werden als angenehm empfunden, wie die Stimmen der Eltern, die sich unterhalten und andere als unangenehm, wie der Klang eines Streits. Diese Sinne funktionieren sozusagen im Hintergrund des eigenen Empfindens.

Während sich das Nervensystem und die Sinne weiterentwickeln, entwickelt das Gehirn, das die zunehmende Funktion erleichtert, einen Filtermechanismus zur Begrenzung der Reize, damit der Fötus nicht von der Fülle neuer, sensorischer Informationen überwältigt wird. In dem Maße, in dem sich die Filterung verfeinert, wird der Sinn des Seins schwächer, um Platz für die anderen, sich entwickelnden Sinne, zu schaffen, die in den Vordergrund der Aufmerksamkeit rücken. Der Fötus beginnt, ein vages Gefühl für sich selbst und andere zu entwickeln.

Das Gehirn beginnt, den sich entwickelnden Körper vom Körper der Mutter zu unterscheiden, zunächst durch instinktive Bewegung und kinästhetische Berührung. Im Mutterleib spürt der Fötus zum Beispiel den Druck seines Körpers auf die Oberfläche des Mutterleibs. Dieses Gefühl hilft dem Gehirn, das Territorium des eigenen Körpers im Gegensatz zu dem, was nicht mehr der eigene Körper ist, abzustecken.

Schließlich kommt es zur Geburt. Jetzt, als Säugling, erkennt das Gehirn langsam, dass das, was es nicht in sich selbst spürt, nicht das eigene Ich ist, sondern ein anderes. Ein Beispiel für diese Erfahrung wäre, wenn du mit dem Arm eines Fremden auf der Brust aufwachst und nach einem kurzen Schreck feststellst, dass es sich in Wirklichkeit um dein eigenes, taubes Glied handelt. Dein Gehirn geht zunächst davon aus, dass das, was es nicht fühlen kann, nicht du bist. Erst wenn der Kreislauf das Gefühl in dem Glied wiederherstellt oder wenn du dich lange genug beruhigen kannst, um einen Moment darüber nachzudenken, erkennst du, dass es sich um deinen eigenen Arm handelt und nicht um jemanden, der dich im Schlaf angreift.

Die Vielzahl der Reize außerhalb des Mutterleibs ermöglicht es den Sinnen und den Informationsfiltern des Gehirns, sich weiterzuentwickeln. Außerhalb des Mutterleibs verlässt sich der heranwachsende Säugling in der Regel auf seine Augen, um ein physisches Gefühl für sich selbst zu entwickeln. Wenn sich z. B. die Hände des Säuglings zum ersten Mal instinktiv vor seinen Augen bewegen, müssen sie wie unerkennbare Unschärfen erscheinen, aber wenn das Nervensystem die Bewegung spürt, die mit den unscharfen Objekten übereinstimmt, die sich vor den Augen bewegen, lernt das Kind, die Hände als Teil von sich selbst zu sehen und zu erkennen, dass es in der Lage ist, diesen Teil zu kontrollieren. Dies ist eine bekannte Phase der Entwicklungsanatomie.

Andere Dinge fangen an, das Auge anzuziehen und informieren den Menschen über sich selbst und andere. Über der Krippe können andere verschwommene Objekte von der Decke hängen, um das Kind zu unterhalten. Das Gehirn, das die Unterhaltung erleben möchte, versucht dem Kind zu befehlen, sich mit seinen Armen und Beinen zu nähern. Aber im Gegensatz zu den Armen und Beinen gehorchen die von der Decke hängenden Objekte nicht. Das Gehirn versucht vielleicht, in sie hineinzufühlen, wie in den Körper, stellt aber frustriert fest, dass es dazu nicht in der Lage ist.

Durch wiederholte Versuche und Misserfolge, die an einen Jedi erinnern, der versucht, ein Lichtschwert telekinetisch zurückzuholen, kartiert das Gehirn unbewusst das Territorium des Selbst und des Anderen. Dieser assoziative Prozess wird zunehmend komplexer, wenn sich das Nervensystem durch Interaktionen mit dem Körper und der Umwelt entwickelt.

Durch die Unterscheidung zwischen dem Selbst und dem Anderen lernt der Körper instinktiv, den Anderen zu steuern, was ein Gefühl der Kontrolle hervorruft, da das „eigene" Verlangen die Bewegung mehr und mehr lenkt und ein Gefühl der Wahlmöglichkeit schafft. Die unbewussten Bewegungen des Instinkts treten zwar immer noch auf, sind aber nicht mehr die einzige Art der Bewegung.

Das Selbstbewusstsein entwickelt sich noch weiter, wenn das Kind mehr Kontrolle über seinen Körper und seine Umwelt erfährt. Das Kind entdeckt zum Beispiel, dass es in der Lage zu sein scheint, einige seiner Erfahrungen selbst zu wählen, indem es auswählt, was es mag und was es nicht mag. Es lernt auch, seine Stimme zu benutzen, um nach den Eltern zu rufen. Schließlich lernt das heranwachsende Selbst, diese Rufe zu verfeinern, was ihm noch mehr Kontrolle über seine Umgebung und seine Erfahrungen gibt.

Jetzt kann ein Kind sagen: „Ich bin ich."

Im Laufe ihrer Entwicklung werden Kinder mit ihren Stärken und Schwächen, ihren Neigungen und ihrem Platz in der Gesellschaft vertraut. Sie entwickeln auch Eindrücke und Meinungen über sich selbst, andere und die Welt.

Gefühle, Gedanken und Worte überschwemmen den Geist, um das sich entwickelnde Selbstgefühl zu verstärken, bis es völlig real erscheint. Dennoch kann ein subtiles Gefühl des undifferenzierten Seins zurückbleiben. Dieses Gefühl ist die Quelle der Unschuld und der Ehrfurcht, die kleine Kinder empfinden – ein Gefühl, das fast jeder verliert, wenn er in die Pubertät kommt.

Die ersten Anzeichen für die verführerische Stimme der Schlange zeigen sich in der Regel etwa im Alter von drei oder vier Jahren, wenn wir lernen, den Realitätssinn der Menschen zu verzerren, indem wir Geschichten erzählen oder lügen, um uns einen Vorteil zu verschaffen oder um unangenehmen Konsequenzen wie einer Strafe zu entgehen. Die Fähigkeit, Geschichten zu erzählen, ist eine Voraussetzung für die Selbstversunkenheit und der Mensch ist ein instinktiver Geschichtenerzähler, d. h. er wird von Geschichten regelrecht gefesselt. Wenn wir in die Pubertät kommen, spricht die urteilende Schlangenstimme regelmäßig zu uns und beurteilt uns selbst, andere und den Moment als gut oder schlecht.

Im Laufe der weiteren Entwicklung wird das Selbstbewusstsein durch die Sozialisierung und die Erfahrungen mit Eltern, Nachbarn, Freunden, der Schule, der ethnischen Zugehörigkeit, der Kultur, den Talenten, der höheren Bildung, dem Wissen, der Karriere und der Gesellschaft im Allgemeinen verändert. Das Wissen um persönliche Stärken und Schwächen entwickelt sich durch die Interaktion mit unserer Umwelt und die vielen angesammelten Urteile über uns selbst, andere und die Welt um uns herum. Das Urteil beginnt, unsere Geschichte von uns selbst zu definieren.

In diesem Lebensstadium fühlt sich die Person als Mensch recht fähig, zumindest im Vergleich zum Säuglingsalter. Aber durch den Entwicklungsprozess könnte man erkennen, dass etwas Wichtiges verloren gegangen ist – der einfache Sinn des Seins. Dieser Sinn ist der Zauber des Lebens.

Wie du also an den Prozessen der vor- und nachgeburtlichen Entwicklung sehen kannst, beginnt dein Leben mit einem undifferenzierten Bewusstsein und verwandelt sich dann durch die Entwicklung der Sinne und der grundlegenden menschlichen Fähigkeiten in kindliche Unschuld. Dieser Zustand wird dann durch die Entwicklung des Selbstbewusstseins und der Sozialisation immer persönlicher, bis man völlig in die Geschichte des eigenen Lebens versunken ist.

Durch diesen Prozess entwickelt der Mensch eine größere Funktionalität und Fähigkeit, sich in der Welt zurechtzufinden, aber er verliert den Kontakt zu seinem angeborenen Gefühl der Verbundenheit mit dem Leben. Die Entwicklung des Selbstbewusstseins ist weder ein Fehler noch eine Sünde. Selbstbewusstsein und die damit einhergehende Disharmonie sind notwendige Bestandteile der Reifung des verkörperten Unendlichen auf dem Weg zur nächsten Phase der Evolution, dem Erwachen.

Unterbrechung

Wir haben nun einen zentralen Punkt des Buches erreicht. Bevor wir weitermachen, möchte ich die Lehrphilosophie meines Kampfkunstlehrers Osaki Shizen darlegen, da ich glaube, dass sie für die Leser hilfreich sein könnte.

Als ich die Samurai-Künste bei meinem Lehrer trainierte, erklärte er nur sehr wenig über technische Aspekte. Er demonstrierte und sprach über die Form der Techniken, aber er erklärte nie die zugrunde liegenden Prinzipien. Wenn man ihn fragte, wiederholte er einfach, was er mir bereits gesagt hatte.

Zu seiner Lehrmethode erklärte er, er wolle, dass seine Schüler ein hohes Maß an Bewusstheit entwickeln und wenn er ihnen erkläre, wie alles zu tun sei, würde dies zu stumpfen Gemütern führen, denen das notwendige Bewusstsein fehle, um die Künste auf die nächste Stufe zu bringen.

Jahrelang trainierte ich auf diese Weise, ohne wirklich zu wissen, was ich da eigentlich tat. Schließlich wurde ich etwas scharfsinniger und fähiger, sodass er mir in den vier Künsten, die er mir beigebracht hatte, die Ausbilderlizenz erteilte. Damals erklärte er mir seine Lehrphilosophie genauer.

Sein Ziel war es, dass die Schüler bei der Erforschung der Künste ein so starkes Bewusstsein entwickeln, dass sie schließlich seine Fähigkeiten übertreffen würden. Eine solche Ausbildung würde es den Künsten ermöglichen, sich mit jeder Generation weiter zu vertiefen. Er sagte:

Wenn ich dir meine Theorien erkläre, würdest du wahrscheinlich genau denselben Ansatz verfolgen wie ich und somit nichts Neues entdecken. Ich glaube an dich und denke, dass du es auf die nächste Stufe schaffen kannst. Wenn du deine Schüler ausbildest, glaube bitte an ihre Fähigkeiten, dich zu übertreffen. Auf diese Weise werden die Künste weiter gedeihen.

Diese Idee gefiel mir sehr gut, denn ich verstand, dass dies der Ansatz war, mit dem Einstein Physik gelernt hatte. Anstatt den Methoden seiner Professoren zu folgen, wozu die Studenten seiner Zeit angehalten wurden, stellte sich Einstein der Herausforderung, schwierige Theoreme auf seine eigene Weise zu beweisen. Sicherlich trug seine Hingabe an die Selbsterkenntnis dazu bei, ihn auf die Formulierung seiner revolutionären Relativitätstheorie vorzubereiten.

Im Sinne der Selbsterkenntnis möchte ich deine Aufmerksamkeit wieder auf den Code lenken. Nachdem du die ersten drei Teile gelesen hast, glaubst du, dass du ihn erkennen kannst? Kannst du ihn kurz und prägnant formulieren, sodass ihn jemand anderes verstehen könnte? Bist du in der Lage, *das Prinzip*, das der Code offenbart, zu erkennen und es auf funktionelle Weise zu erklären? Wenn du den Code wirklich gesehen hast, solltest du in der Lage sein, mit einem hohen Maß an Genauigkeit vorherzusagen, wie die metaphorischen Tore von Eden aufgeschlossen werden können. Nimm dir ein paar Minuten Zeit und versuche, den Code schriftlich oder laut für dich selbst zu erklären.

Wenn du Schwierigkeiten hast, den Code oder *das Prinzip* zu formulieren oder wenn du das Gefühl hast, dass dein Verständnis noch lückenhaft ist, nimm dir bitte etwas Zeit, um dich durch das Material zu arbeiten, um sowohl den Code als auch das *Prinzip* zu formulieren. Dabei wirst du vielleicht über das hinaussehen, was ich bisher geschrieben habe. Wäre das nicht wunderbar? Wenn du es vorziehst, weiterzulesen, ohne auf diese Weise zu reflektieren, kannst du das natürlich gerne tun.

Um den Inhalt von Teil 3 zu verdeutlichen, habe ich auf der nächsten Seite auch ein aufschlussreiches Lied eingefügt, das dir hoffentlich gefallen wird. Um den größten Nutzen daraus zu ziehen, empfehle ich, das Lied zu hören, während du den Text liest. Du kannst es kostenlos anhören, indem du auf YouTube nach "The Brothers Reed Irish Hymn" suchst.

Irische Hymne
Die Brüder Reed

Du hast mich darum gebeten, und hier bin ich...
Ein undeutliches Flüstern, ohne auch nur eine Chance...
Ein Instinkt, an den man sich erinnern möchte, aber nicht kann....
Trotz aller Frustrationen habe ich mich damit abgefunden.

Der Teufel sagte: „Hey Junge, was hast du denn?"
„Ich habe keine Taschen, nur Löcher in meinen Socken."
Er sagte: „Lass mich dir das Geheimnis des Lebens verraten....
Ein Biss von meinem Apfel und ich helfe dir zu überleben."

Oh, Herr bitte, ich bin auf den Knien
In einer Welt der Verwirrung und der Suche nach Antworten.
Hungrig und schwach, mit nichts zu verlieren,
Ich würde gerne sehen, wie du einen Tag in meinen Schuhen verbringst.

Mach schon und nimm mich, ich bin bereit.
Oder bist du nur ein Kind, das im Sand spielt?
Ich werde die Wellen begrüßen, die mich zurückbringen...
und ich werde zufrieden auf dem Boden ruhen.

Oh, Herr bitte, ich bin auf den Knien
In einer Welt der Verwirrung und der Suche nach Antworten.
Hungrig und schwach, mit nichts zu verlieren,
Ich würde gerne sehen, wie du einen Tag in meinen Schuhen verbringst.

Teil 4

Das Buch Gottes

Eine der zentralen Lehren des Judentums und des Christentums ist die Auffassung, dass Gott ganz und gar ist. Da Gott ganz und gar ist, kommt er weder von etwas anderem, noch ist er von etwas abhängig. Aufgrund seiner vollkommenen Ganzheit ist Gott vollständig und daher unveränderlich.

Eine unter Christen verbreitete Vorstellung besagt, dass der Unendliche die Regeln geändert hat, indem er der Menschheit mit dem Kommen Jesu ein neues Versprechen gegeben hat. Der Glaube an eine neue Verheißung ist ein Irrglaube, denn das Unendliche, das ganz und vollständig ist, ändert sich nicht. Tatsächlich haben wir überhaupt kein Versprechen vom Unendlichen, denn das Unendliche ist nicht manipulativ oder zwingend. Nur die von sich selbst eingenommenen Menschen gehen solche bedingten Geschäfte ein.

Viele Gläubige fragen sich vielleicht, was der obige Absatz über die Beziehung zwischen den Menschen und dem Unendlichen aussagt. Eine Möglichkeit, diese Beziehung zu verstehen, besteht darin, den Menschen als Traum des Unendlichen zu sehen und nicht als etwas, das außerhalb oder unterhalb des Unendlichen liegt. In der menschlichen Erfahrung erkennt man im Allgemeinen nicht die Ganzheit, die der menschlichen Existenz zugrunde liegt.

Von Zeit zu Zeit haben außergewöhnliche Menschen unter uns gelebt, die sich ihrer grundlegenden Einheit bewusst waren. In der Vergangenheit wurden diese außergewöhnlichen Menschen als Avatare, Meister, Propheten und so weiter bezeichnet. Lassen wir diese Titel beiseite, denn diese Bezeichnungen bringen keine Klarheit. Diese Menschen sind genau wie alle anderen, nur dass sie sich ein Gefühl für ihre angeborene Natur bewahrt haben. Ich vermute, dass der Sinn dafür bald viel häufiger unter den Menschen anzutreffen sein wird.

Wie ich in Teil 1 angedeutet habe, ist das Bewusstsein die Grundlage, aus der das Hologramm der „Realität" hervorgeht. Daher ist es wichtig, diese Beziehung nicht begrifflich zu verdrehen: Wenn wir uns das Bewusstsein als Teil oder Aspekt der Realität vorstellen, verzerrt das unsere Wahrnehmung des Bewusstseins. Der Fehler wäre, das Bewusstsein als ein Ding innerhalb der Realität zu betrachten, obwohl es eigentlich kein Ding ist. Um die Tendenz des Verstandes, das Bewusstsein auf diese begrenzte Weise zu betrachten, zu minimieren, werden wir das Bewusstsein durch Wahrnehmungsmöglichkeiten beschreiben.

Das Bewusstsein hat zwei gleichzeitige primäre Wahrnehmungsmöglichkeiten. Zum einen gibt es die unendliche Perspektive, die ich im Folgenden „Reines Bewusstsein" oder C für „Consciousness" (engl.: Bewusstsein) bezeichnen werde. Dann gibt es die endliche Perspektive, die ich „Universeller Geist" oder mit M „Geist" bezeichnen werde.

Reines Bewusstsein, die Grundlage aller Existenz, schließt alle Möglichkeiten ein. Da es in seiner Perspektive völlig offen ist, verstrickt sich sein Bewusstsein nicht in den Details einer bestimmten Möglichkeit oder eines bestimmten Selbst.

Der universelle Geist hingegen erlebt sich selbst als endlich. Infolge der scheinbar endlichen Erfahrungen neigt sein Bewusstsein dazu, sich in den Details zu verfangen. Das Endliche ist per Definition vorübergehend, hat ein Ende, ist nicht von Dauer. Doch sowohl das Unendliche als auch das Endliche sind Perspektiven eines vereinten Seins.

Ein grundlegendes Verständnis dieser beiden Perspektiven wird uns helfen, unser eigenes Leben besser zu verstehen und herauszufinden, wie wir ein Gleichgewicht finden können. In Teil 4 werden wir die Natur des Betrachters aus der Perspektive des Bewusstseins und des Verstandes erforschen und sie mit unserer Lesart von YHVH ELOHIM aus der Genesis verbinden.

In Kapitel 13 erforschen wir die geheimnisvolle unendliche Perspektive des reinen Bewusstseins und setzen sie in Beziehung zum Tetragrammaton (YHVH), basierend auf der hebräischen Bedeutung dieses Wortes und der entsprechenden mystischen Erfahrung, die in Kapitel 2 beschrieben wird.

In Kapitel 14 analysieren wir die rätselhafte endliche Perspektive dessen, was ich den Universellen Geist (ELOHIM) nenne, und entwickeln ein Verständnis dafür, dass das, was wir für die Realität halten, in Wirklichkeit ein angenehmer Bewusstseinsstrom ist, eine Offenbarung sogar für den Betrachter.

In Kapitel 15 erforschen wir das Mysterium dessen, was man den Heiligen Geist oder das Wort Gottes nennt und enthüllen, wie es mit dem reinen Bewusstsein, dem universellen Geist, dem Universum und dir zusammenhängt.

Und in Kapitel 16 erörtern wir die Perspektive und den Weg des Individuums, das zu seiner wesentlichen Natur erwacht. Wir werden uns mit den vielen Herausforderungen auf diesem Weg befassen und das korrigierende Schema betrachten, das der Code und das *Prinzip* von *nichts anderes* bietet.

Hinweis: In den folgenden Kapiteln beschreibe ich verschiedene Aspekte des Betrachters (Gottes) und verwende dabei neue Begriffe wie Reines Bewusstsein und Universeller Geist. Diese neuen Indikatoren sowie die beiden vorherigen Indikatoren, Unendlich und Betrachter, beziehen sich alle auf dasselbe unermessliche Wesen. Ich habe jeden Indikator in Großbuchstaben geschrieben, um den Leser daran zu erinnern, dass sie verschiedene Aspekte oder Sichtweisen ein und derselben Sache bezeichnen.

Kapitel 13

Reine Bewusstheit

Wie in der Einleitung zu Teil 4 erwähnt, hat das Unendliche zwei Hauptperspektiven: Reines Bewusstsein und Universeller Geist. In diesem Kapitel wird die Perspektive des reinen Bewusstseins untersucht, der unveränderliche Grund, von dem alle wahrgenommene Veränderung ausgeht.

Menschen, die reines Bewusstsein erfahren haben, neigen dazu, es als ein Gefühl zu beschreiben, das unendlich viel bedeutungsvoller ist als die gewöhnliche Realität. Es vermittelt das Gefühl, vollkommen präsent und unbeschreiblich zu sein. Ich glaube, dass die Unbeschreiblichkeit dieser Erfahrung zur Schaffung des Tetragrammatons führte, das du vielleicht als יהוה (YHVH) in der hebräischen Bibel kennst. In modernen Bibeln wird dieses Symbol in der Regel als „Herr" wiedergegeben. Die moderne jüdische Lehre besagt, dass YHVH der persönliche Name von ELOHIM (Gott) ist.

Wir können das Tetragrammaton YHVH heranziehen, um ein Gefühl für die Eigenschaften von YHVH zu bekommen, da sich die antike jüdische Namensgebung auf die Beschreibung der Eigenschaften einer Person und ihres Rufs konzentrierte. Obwohl wir durch das Namensschema einige Hinweise auf die Eigenschaften des Göttlichen erhalten können, können wir auf diese Weise nicht die Aussprache herausfinden.

Das Problem bei der Bestimmung der richtigen Aussprache ist, dass das alte Hebräisch eine heilige Sprache ist, die in der Vergangenheit nicht gesprochen wurde. Eine weitere Möglichkeit ist, dass es einmal eine gesprochene Sprache war, aber die Menschen vor Tausenden von Jahren die Fähigkeit verloren haben, sie zu sprechen. Wie auch immer, wir können uns der Aussprache nicht sicher sein. Diese Entwicklung ist darauf zurückzuführen, dass das jüdische Volk jahrhundertelang kein eigenes Land besaß. Da es über verschiedene Kulturen im Nahen Osten und in Europa verstreut war, ging das alte Hebräisch, falls es jemals eine gesprochene Sprache war, verloren, als die Juden begannen, Jiddisch und Ladino zu sprechen, Handelssprachen, die Hebräisch und die Sprachen der nordeuropäischen und mediterranen Länder, in denen sie lebten, vermischen.

Obwohl das geschriebene Hebräisch intakt geblieben ist, können wir uns der Aussprache nicht sicher sein, da die hebräische Sprache keine Vokale enthält. Ohne Vokale ist es nicht möglich, die gesprochene Sprache allein aus dem Text genau zu rekonstruieren. Um einen Standard für die Aussprache festzulegen, zogen die jüdischen Rabbiner und Schriftgelehrten später die griechischen Aufzeichnungen der hebräischen Schrift zurate, die Vokale enthielten. Natürlich konnte man nicht sicher sein, dass die griechische Aussprache der jüdischen Schrift die antike, jüdische Aussprache genau wiedergab, aber es war die einzige Möglichkeit. Infolgedessen kann sich niemand der ursprünglichen hebräischen Aussprache von YHVH sicher sein.

Auch wenn wir die ursprüngliche hebräische Aussprache von YHVH nie erfahren werden, können wir durch die hebräischen Buchstaben, aus denen das Tetragrammaton besteht, einen Eindruck von den Eigenschaften des Göttlichen bekommen. Das ist so, weil das jüdische Namensschema die Eigenschaften des Benannten widerspiegeln soll und dieses Benennungschema auf das Tetragrammaton angewandt wurde. Abgesehen davon geben die vom Tetragrammaton angegebenen Merkmale jedem, der Hebräisch versteht, ein Gefühl dafür, dass das Tetragrammaton eigentlich nicht intellektuell verstanden werden soll.

Die Buchstaben des Tetragramms sind mit der hebräischen Wurzel für „Existenz" verbunden. Übersetzt ins Deutsche heißt das „sein". Diese Bedeutungen spiegeln die allgegenwärtige Natur des Betrachters wider. Man könnte es also mit der Aussage „ICH BIN, der ICH BIN" aus der Geschichte von Moses und dem brennenden Busch in Verbindung bringen.

In Exodus 3,14 fragt Mose JHWH, wie er den Israeliten antworten soll, wenn sie ihn fragen, welcher Gott ihn zu ihnen gesandt hat. JHWH antwortet, er solle ihnen sagen: Ich bin der „Ich-bin-da". Und er fuhr fort: Der „Ich-bin-da" hat mich zu euch gesandt." Die Aussage hat etwas von einem Nicht-Vergleich, so als ob es keinen anderen gibt, mit dem man sich vergleichen könnte.

Der springende Punkt ist, dass die Wortstämme, aus denen YHVH besteht, auf seine unpersönliche Natur hinweisen. Es als den persönlichen Namen Gottes zu betrachten, ist ein tiefes Missverständnis. JHWH ist kein Name, sondern eine Andeutung des Unaussprechlichen. Wir sollten auch darauf achten, dass ELOHIM ebenfalls kein Name ist, sondern ein allgemeiner Begriff für Gottheiten. In ähnlicher Weise ist das englische „God" ein

Ersatz für ELOHIM. Weder Gott noch ELOHIM waren als Namen gedacht.

Für moderne, religiöse Juden gilt der Name Gottes als zu heilig, um ausgesprochen zu werden und die Aussprache des Tetragrammatons (YHVH) wird als blasphemisch angesehen. Um Blasphemie zu vermeiden, ersetzen sie es in der Regel durch das Wort „Adonai", was „Herr" bedeutet und vermeiden es, „Yahveh" oder „Yehovah" zu sagen. Ultra-orthodoxe Rabbiner halten Adonai jedoch für zu heilig, um es auszusprechen. In ihren Gemeinden ist es daher üblich, „Ha-Shem" zu sagen, was „Der Name" bedeutet.

Denke an das Bild, das Adonai (Herr) in deinem Kopf hervorruft. Es ruft das Bild eines Königs hervor, nicht wahr? Das Bild scheint greifbar und persönlich zu sein. Dieses geistige Götzenbild hat keine Ähnlichkeit mit der Wirklichkeit YHVHs.

Ha-Shem (Der Name) ist ähnlich irreführend, denn es wird angenommen, dass Gott persönlich ist und einen Namen hat. Beide Ideen können wie falsche Götzen wirken, die den Menschen von der direkten Erfahrung des reinen Bewusstseins abhalten.

Die Ersetzung des Tetragrammatons durch Adonai oder Ha-Shem hat im Judentum eine lange Tradition, aber ich vermute, dass der ursprüngliche Grund für diese Ersetzung verloren gegangen ist. Der am häufigsten genannte Grund dafür, den Namen nicht auszusprechen, stammt aus Deuteronomium 5:11, dem dritten der Zehn Gebote: „Du sollst den Namen des Herrn, deines Gottes, nicht missbrauchen; denn der Herr wird niemanden schuldlos machen, der seinen Namen missbraucht."

Ich glaube nicht, dass das dritte Gebot zu der Regel geführt hat, das Tetragrammaton nicht auszusprechen, weil das Verbot der gelegentlichen Verwendung des Namens nicht dasselbe bedeutet wie das Verbot, ihn überhaupt zu verwenden. Ich vermute, dass die Unfähigkeit, die Erfahrung des reinen Bewusstseins effektiv zu vermitteln, zum dogmatischen Gebrauch von Adonai oder Ha-Shem geführt hat. Um zu klären, was meiner Meinung nach der ursprüngliche Grund dafür ist, das Tetragrammaton nicht auszusprechen, sollten wir noch einmal über die transzendente Erfahrung nachdenken, die in Kapitel 2 beschrieben wurde.

Während dieser mystischen Erfahrung des reinen Bewusstseins fühlte sich jeder Versuch meinerseits, es zu definieren, zutiefst falsch an. Und jeder Versuch, diese Formulierungen auszusprechen, fühlte sich sogar noch falscher an. Allein der Gedanke an eine Definition führte zu etwas, das ich am besten so beschreiben kann, dass ich vom Kosmos und meinem eigenen Körper zum Schweigen gebracht wurde. Ich wurde in kristallklarem Schweigen gelassen.

Erfahrungen des reinen Bewusstseins können unterschiedlich intensiv sein. Je intensiver die Erfahrung ist, desto weniger bleibt das Gefühl eines persönlichen Selbst, um die Erfahrung mental zu filtern und zu definieren. Wenn die Intensität der Erfahrung so groß ist, dass kein persönliches Du in der Erfahrung zu existieren scheint, wird es eine unaussprechliche Offenbarung ohne Reflexion geben. Bei geringerer Intensität kann das persönliche Du immer noch da sein, und zwar in einem Ausmaß, das vermuten lässt, dass man das Unendliche benennen oder definieren könnte. Wenn ich in diesem Kapitel von reinem Bewusstsein spreche, meine ich damit Erfahrungen von hoher Intensität, bei denen das persönliche Selbst reduziert wurde oder sogar gar nicht mehr existiert.

Während meiner ersten Erfahrung des reinen Bewusstseins schien mein persönliches Selbst zwar präsent, aber eher still zu sein. Die verweilende persönliche Perspektive erklärt, warum ich mich als getrennt vom Reinen Bewusstsein sah, obwohl es mir vermittelte, dass wir ein und dasselbe sind. Lass uns diese Erfahrung an dem Punkt wiederholen, an dem ich versuchte, sie zu benennen oder zu definieren, da die Benennung für dieses Kapitel besonders relevant ist.

Aufgrund des Wunsches, die Erfahrung zu vermitteln, sah ich mich gezwungen, einen Indikator für das Unendliche zu finden, ohne das belastete Wort „Gott" zu verwenden, das für viele Menschen das Bild eines alten, bärtigen Mannes auf einer Wolke hervorruft. Die Tatsache, dass ich es vermeide, das reine Bewusstsein „Gott" zu nennen, stößt manchen meiner Mitmenschen sauer auf. Ich vermeide diesen Begriff aus gutem Grund und möchte niemanden beleidigen. Ich habe einfach das Gefühl, dass der Begriff Gott zu sehr mit wenig hilfreichen Assoziationen belastet ist, um heutzutage noch nützlich zu sein. Die Vermeidung des Begriffs Gott beleidigt das reine Bewusstsein nicht, denn es ist nicht mit sich selbst beschäftigt.

Was die assoziierten Bedeutungen angeht, so habe ich den Eindruck, dass meist keine zwei Menschen die gleichen Assoziationen mit gewöhnlichen Wörtern haben, geschweige denn mit dem am stärksten aufgeladenen Wort in der menschlichen Sprache – Gott. Selbst wenn unsere gedanklichen Definitionen die gleichen sind, können unsere Gefühle, die hinter diesen Definitionen stecken, sehr unterschiedlich ausfallen.

Um die Kommunikation zu erleichtern, habe ich versucht, einen Begriff zu finden, der die Ganzheit des reinen Bewusstseins genau wiedergibt. Der beste Begriff, den ich finden konnte, war der am wenigsten definierte. Dabei handelt es sich um den Begriff „ist" oder „das Sein", und so begann ich, es als „Isness" oder „Beingness" zu bezeichnen.

Als ich einige Jahrzehnte später die Bedeutung des Tetragrammatons (YHVH) erforschte, war ich schockiert, als ich feststellte, dass es „Sein" oder „Existieren" impliziert. Traurigerweise sind diese Begriffe zusammen mit „Isness" und „Beingness" in meinen Augen unpassend. Da das Unendliche gleichzeitig existiert und doch jenseits der Existenz ist, vermittelt die Aussage, dass es IST, nur eine Halbwahrheit. Wahrhaftig, reines Bewusstsein transzendiert das Messen und Definieren. Die beste Strategie bestand meiner Meinung nach darin, die am wenigsten belasteten, am wenigsten irreführenden Worte zu verwenden, auch wenn sie bestenfalls Halbwahrheiten sind. Eine perfekte Lösung scheint es nicht zu geben. Mit dieser Leitlinie im Hinterkopf müssen „Isnes"", „Beingness", „sein" und „existieren" genügen, denn sie kommen der Sprache am nächsten.

Als ich bei meinen Nachforschungen zum ersten Mal auf das Tetragrammaton stieß, schätzte ich es sehr wegen seiner angedeuteten Bedeutung „sein" oder „existieren". Da der Verstand nicht in der Lage ist, diese Worte vollständig zu verstehen, sah ich klar, dass das Tetragrammaton nie dazu bestimmt war, vollständig verstanden zu werden. Ich hatte das Gefühl, dass das Tetragrammaton in perfekter Übereinstimmung mit den besten Worten stand, die ich wählen konnte: „Isness" und „Beingness".

Was das Tetragrammaton (YHVH) betrifft, so ist es am besten, es nicht als einen Namen zu betrachten, sondern als einen Hinweis auf etwas, das sich Namen oder genauen Beschreibungen entzieht. Kein Wort wird jemals sein Wesen wirklich beschreiben. Wir sind gut beraten, ehrlich dabei zu sein, was die Grenzen unserer Messungen, Definitionen und unseres Verständnisses angeht, denn selbst der Betrachter versteht es nicht. Für mich fühlt sich jeder Name, der auf das reine Bewusstsein angewandt wird, in jeder Zelle meines Körpers zutiefst ungenau an. Dieses starke Gefühl der Ungenauigkeit wird wahrscheinlich von jedem geteilt, der die volle Erfahrung gemacht hat. Ich vermute, dass dieses Gefühl des Irrtums, das mit dem Versuch verbunden ist, das reine Bewusstsein zu definieren, sowohl zur Bildung des

Tetragrammatons als auch zu dem nachfolgenden Verbot, es auszusprechen, geführt hat.

Stellen wir uns vor, dass ein religiöser Führer das reine Bewusstsein direkt erlebt und anschließend den Menschen sagt, dass die Benennung dieses Phänomens unvorstellbar falsch ist. Die Nichtbenennung des reinen Bewusstseins wird dann zu einer Regel innerhalb der Religion. Wenn der Grund für die Regel nicht ausreichend erklärt wird, wie gut gemeint sie auch sein mag, wird die Regel das Gegenteil von dem bewirken, was beabsichtigt war.

Die ursprüngliche Verwendung des Tetragrammatons wies darauf hin, dass das Unendliche nicht intellektuell verstanden oder definiert werden kann. Wenn du während einer Erfahrung versuchst, sie zu benennen oder zu definieren, stimuliert die geistige Aktivität eine Disharmonie zwischen deinem Geist und deinem Körper, die deine Klarheit der Erfahrung verringern oder dich ganz von ihr abziehen kann. Es hilft, sich an den Leitsatz aus Psalm 46:10 zu erinnern: „Sei still und wisse, dass ich Gott bin."

Die Regel, YHVH nicht auszusprechen, gibt Anlass, sich selbst oder andere zu beurteilen und das schafft unnötige Disharmonie. Wenn wir urteilen, verschließt sich unser Herz und das nährt unser Gefühl der Trennung vom Unendlichen. Der unbeabsichtigte Effekt des Verbots, dieses Wort auszusprechen, scheint also genau das Gegenteil der Absicht zu bewirken, die hinter der ursprünglichen Regel stand, die vermutlich darin bestand, die Menschen näher an das Unendliche heranzuführen.

Ein ähnlicher Irrglaube beruht auf der Vorstellung, dass das Unendliche beleidigt werden kann. Dieser Glaube lässt die Menschen ängstlich und nervös werden, was zu einem noch größeren Gefühl der Trennung vom Unendlichen führt. Reines Bewusstsein ist keine persönliche Perspektive, also nimmt es an nichts Anstoß. Wenn wir all die Disharmonie in Betracht ziehen, die die Regel verursacht, scheint es besser zu sein, die Regel zu verwerfen und zuzugeben, dass das Tetragrammaton kein Name ist.

Ganz gleich, welches Wort wir verwenden, um das Unendliche zu bezeichnen, im Allgemeinen ist es am wichtigsten, sich daran zu erinnern, dass es eigentlich kein anderes gibt. Das reine Bewusstsein ist unsere Natur, ob wir es bewusst wahrnehmen oder nicht. Um auf Psalm 46:10 zurückzukommen: „Sei still und erkenne, dass ich Gott bin": Wann immer du das Tetragrammaton oder ein anderes Wort siehst, das auf die Grundlage des Seins hinweist, halte inne und verweile für einige Sekunden. Es ist sehr hilfreich, auf diese Weise zu üben.

Mehr noch: Wenn du in deinem täglichen Leben lebendige Stille praktizierst, kannst du ein Gefühl für den allgegenwärtigen Augenblick entwickeln, was dein Leben enorm verändern kann. Der Schlüssel liegt darin, innezuhalten, um die lebendige Gegenwart des Augenblicks zu erfahren und zu erkennen, was dich daran hindert, dich ganz auf diese Erfahrung einzulassen. Wenn du daran arbeitest, die Blockaden zu beseitigen, während du lebendige Stille praktizierst, wird die Erfahrung mit der Zeit immer zugänglicher. Schließlich wird dein Leben zur bewussten Verkörperung der lebendigen Gegenwart.

Eine Person, die die Fülle des reinen Bewusstseins erfährt, wird wahrscheinlich ein rein weißes oder möglicherweise goldenes Licht wahrnehmen. Da die unendliche Perspektive allumfassend ist, wird unser Gehirn es wahrscheinlich als weiß wahrnehmen. Es scheint, dass die Wahrnehmung eines goldenen Lichts durch das Gehirn während der Erfahrung des reinen Bewusstseins von der natürlichen Assoziation zwischen Gold und absoluter Reinheit herrührt. Ich glaube nicht, dass reines Bewusstsein tatsächlich eine bestimmte Farbe hat, aber Weiß oder Gold ist die Art und Weise, wie der visuelle Kortex es vermutlich wahrnimmt. Auf der Gefühlsebene wäre die Erfahrung des reinen

Bewusstseins aufgrund seiner totalen Offenheit eine vibrierende, gegenwärtige Klarheit, umhüllende Liebe, totale Akzeptanz und ein Gefühl der vollkommenen Ganzheit.

Obwohl es recht selten vorkommt, dass ein Mensch reines Bewusstsein erfährt, wünschen sich diejenigen, die es erfahren, oft, dort ewig verweilen zu können. Wenn sie ins normale Bewusstsein zurückkehren, widmen viele dieser Menschen den Rest ihres Lebens dem Versuch, dorthin zurückzukehren, es zu verstehen oder Wege zu teilen, die anderen helfen, es zu erfahren.

Der wunderbare, russische Schriftsteller Fjodor Dostojewski, der unter Anfällen litt, erlebte oft etwas, das sich wie reines Bewusstsein anhört, kurz vor dem Ausbruch eines intensiven Anfalls. Dostojewski schrieb über seine ekstatischen Anfälle durch eine seiner Figuren, Fürst Myschkin, in *Der Idiot*: „Ich fühle völlige Harmonie in mir und in der Welt und dieses Gefühl ist so stark und süß, dass man für einige Sekunden solcher Glückseligkeit zehn Jahre seines Lebens, ja vielleicht sein ganzes Leben geben würde."

Ähnlich fühlte ich mich, als ich das erste Mal reines Bewusstsein erlebte. Wenn es möglich wäre, reines Bewusstsein in Flaschen abzufüllen und zu verschenken, hätte ich mein Leben in einer Abfüllanlage verbracht. Jetzt weiß ich, dass das nicht der richtige Weg ist. Die meisten Menschen würden es nicht trinken, wenn sie wüssten, was sie durch diese Erfahrung opfern müssten. Wieder andere würden diejenigen, die es trinken, als Drogenkonsumenten bezeichnen und schon bald würde es Gesetze dagegen geben. Menschen finden unzählige Wege, das reine Bewusstsein zu vermeiden.

Der wichtigste Punkt, den wir im Auge behalten müssen, ist, dass wir das reine Bewusstsein nicht intellektuell verstehen können, aber wir können es fühlen. Es kann erfahren werden. Und egal, wie oft du in deinem Leben Fehler machst, es hilft zu wissen, dass es nichts gibt, was du jemals sagen oder tun könntest, um das Unendliche zu verletzen, denn es sieht dich nicht als von sich selbst getrennt.

Hier ist eine einfache Übung, die du jeweils für ein paar Minuten pro Tag praktizieren kannst. Mache es dir bequem und schließe die Augen. Stelle dir vor, dass unter oder hinter deiner Wahrnehmung der Welt ein strahlend weißes Licht alle und alles in bedingungsloser Liebe vereint.

Denke nicht zu viel über diese Übung nach. Bemühe dich nicht, diese Übung zu analysieren oder in eine Philosophie oder Ideologie zu verwandeln. Erlaube dir stattdessen, während dieser Übung unschuldig zu sein, wie ein kleines Kind . Stell dir vor, dass das gesamte Universum in einer warmen, umarmenden Liebe erstrahlt. Stell dir vor, dass auch dein Körper von diesem Licht durchdrungen wird. Lass alle Urteile über dich selbst, deinen Körper, andere (einschließlich deiner Feinde) und das Universum los. Sei jeden Tag für ein paar Minuten so weit wie möglich in dieser Liebe.

Mit etwas Übung wirst du dies auch mit offenen Augen tun können, aber für viele Menschen ist es einfacher, mit geschlossenen Augen zu beginnen. Du kannst beides jeden Tag versuchen, um dein Gehirn zu trainieren, flexibel zu sein.

Kapitel 14

Universeller Geist

In Kapitel 13 haben wir über das reine Bewusstsein oder die unendliche Perspektive des Betrachters gesprochen. In diesem Kapitel werden wir das Potenzial des Geistes im Betrachter erforschen. Der Geist des Betrachters hat viele Eigenschaften mit dem menschlichen Geist gemeinsam, die wir später untersuchen werden. Um Verwirrung darüber zu vermeiden, auf welchen Geist ich mich beziehe, werde ich im Folgenden den Geist des Betrachters als Universellen Geist bezeichnen.

Der Universelle Geist ist die Perspektive, durch die der Betrachter, die in Kapitel 3 beschriebenen torusförmigen Hologramme projiziert. In diesem Kapitel werde ich die mystischen Erfahrungen in Kapitel 2 (Das Unendliche) und Kapitel 3 (Das Antlitz Gottes) vertiefen, um unser Verständnis der Natur des Universellen Geistes auszubauen.

Vielleicht erinnerst du dich, dass ich in Kapitel 3 (Das Antlitz Gottes) verwirrt darüber war, dass das Unendliche keinen Unterschied zwischen mir und sich selbst sah. Ich hingegen konnte mich selbst nicht als das sehen, was ich bin. Ich fragte mich, wie ich eine getrennte Identität haben und mir meiner wahren Natur, die unendlich ist, nicht bewusst sein konnte. Ich erhielt die Antwort, aber ich verstand sie erst einige Jahrzehnte später. Folgendes wurde mir gezeigt, dass ich in Kapitel 2 oder 3 noch nicht vermittelt habe.

Als ich nach dem Rätsel fragte, wurde meine Aufmerksamkeit auf einen winzigen Wolkenraum gelenkt, der wie ein Nebel aussah, eine Ansammlung interstellarer Wolken, die vom Sternenlicht beleuchtet wurden. Mein Geist zoomte in diese nebelartige Formation hinein und sah ihre Funktionsweise. Während ich hineinzoomte, konnte ich sehen, dass im reinen Bewusstsein die Möglichkeit des universellen Verstandes oder dieses wolkenartigen Raumes liegt. Der universelle Geist könnte als das Potenzial des reinen Bewusstseins verstanden werden, das ein Spiel mit sich selbst spielt, indem es sich durch gleiche und entgegengesetzte Definitionen vorstellt, eine positive und eine negative, wie ich in Kapitel 3 beschrieben habe.

Der universelle Geist existiert als ein Bewusstseinsstrom, der spontan voneinander abhängige und entgegengesetzte Ideen über seine Natur projiziert. Um dir eine Vorstellung davon zu geben, was ich gesehen habe, stell dir vor, was wir durch das Hubble-Teleskop von unserer Galaxie sehen – mehr Sterne als es Sandkörner an allen Stränden unseres Planeten gibt. Und wir wissen auch, dass es jenseits der Milchstraße Galaxien gibt, die genauso zahlreich sind wie die Sterne in unserer Galaxie. Ich sah Universen, die genauso zahlreich waren, die geboren wurden und starben, geboren wurden und starben, ohne Ende. All das wurde mir innerhalb weniger Minuten gezeigt.

Der Hauptunterschied zwischen dem reinen Bewusstsein und dem universellen Verstand besteht meines Erachtens darin, dass das reine Bewusstsein völlig zentriert und klar ist, während der universelle Verstand, in Ermangelung eines besseren Ausdrucks, in seinem Spiel aufgeregt ist. Das universelle Bewusstsein projiziert spontan Konzepte, die es erforscht. Jede Projektion enthält die Essenzen sowohl des universellen Verstandes als auch des reinen Bewusstseins. Der Geist erforscht in jeder Projektion seine Natur und versucht spielerisch, sich selbst zu verstehen.

Auf diese Weise erzeugt jede Projektion nachkommende Projektionen, die Extrapolationen ihrer Mutterprojektion sind. Mit jedem Ableger beginnt der Verstand, seine Basis im reinen Bewusstsein aus den Augen zu verlieren, was zu einem Mangel an Klarheit führt, der mit der nebelartigen Trübung einhergeht, die mir gezeigt wurde.

Das reine Bewusstsein und der universelle Geist sind beide wunderbare, ehrfurchtgebietende Erfahrungen. Beide sind wahrhaftig unermesslich, aber der universelle Geist verliert mit jeder Generation zunehmend das Bewusstsein für seine unermessliche Natur und genießt es, mit dem zu spielen, was messbar erscheint. Mit dem fortschreitenden Schwinden des kontextuellen Bewusstseins wächst der Wunsch, das Undefinierbare zu definieren und das Unermessliche zu messen.

Die beiden Potenziale oder Aspekte des Betrachters, reines Bewusstsein und universeller Geist, entsprechen den Sehweisen unserer Augen. Das periphere Sehen nimmt das gesamte Gesichtsfeld ein, um das große Ganze zu sehen, aber es eignet sich nicht gut für die Wahrnehmung feiner Details. Das foveale Sehen ist fokussiert und in der Lage, feine Details zu sehen, aber es fehlt ihm das kontextuelle Bewusstsein. Reines Bewusstsein ist peripher bewusst, was bedeutet, dass es alle Möglichkeiten sieht. Der universelle Geist hingegen verliert dieses periphere Bewusstsein, da er mehr in das Spiel der spezifischen Möglichkeiten verwickelt wird.

Im Vergleich zum brillanten Licht des reinen Bewusstseins ist das universelle Bewusstsein dunkel. Die Natur des universellen Verstandes ist es, Spekulationen über sich selbst zu projizieren. Die Selbstdefinition vernebelt das universelle Bewusstsein, was zu noch mehr Projektionen seiner Natur führt.

Der universelle Verstand ist ein vollständig geschlossenes, energieeffizientes Perpetuum Mobile-System. Durch seine vielen Schichten von Projektionen verliert sich der universelle Verstand in der Selbstdefinition, so wie du es in deinen Träumen zu tun pflegst. Das Ergebnis ist eine sich ständig wiederholende Schleife, der Torus.

Wenn du das liest, könntest du denken, dass die Erfahrung des universellen Geistes unangenehm ist, aber das Gegenteil ist der Fall. Der universelle Geist ist ein orgasmischer Zustand unschuldiger Selbsterforschung. Der Betrachter hat Spaß! Und aus seiner Perspektive ist alles sehr, sehr gut.

Der universelle Geist ist Erinnerung, und Erinnerung ist die Wahrnehmung von Zeit. Zeit ist die Geschichte des Lebens. Reines Bewusstsein identifiziert sich nicht mit der Geschichte des Lebens, was bedeutet, dass es nicht an die Zeit gebunden ist. Reines Bewusstsein ist der ewige Augenblick.

Zusammenfassend lässt sich sagen, dass der universelle Geist einen spontanen Strom von voneinander abhängigen, gegensätzlichen Spekulationen über seine Natur projiziert. Sie sind immer dualistisch, weil die Projektionen nicht ohne gleiche und entgegengesetzte Projektionen wahrgenommen werden können. Aus der Spannung zwischen den beiden gegensätzlichen Kräften entsteht ein Torus. Ein Traum von der Realität wird vom universellen Geist erlebt, wenn er die Projektionen seiner Natur erforscht.

Alle Hologramme des universellen Geistes (das, was wir als Realität wahrnehmen) enthalten drei gemeinsame Kräfte. Die erste ist der offensichtliche Wunsch, die Natur des Selbst zu erforschen. Die zweite ist die Instabilität und Aufregung, die dieser Wunsch verursacht. Die dritte ist der Zwang, ein Gleichgewicht innerhalb eines sich ständig verändernden Systems zu finden. Diese drei Kräfte stimulieren ein universelles Spiel der Reise nach Jerusalem, bei dem die Projektionen des universellen Verstandes immer wieder versuchen, sich selbst zu verstehen, dies aber nie gelingt, weil die Wahrheit des allgegenwärtigen Augenblicks nie vollständig verstanden werden kann. Das universelle Bewusstsein spielt dabei freudig weiter.

Durch unendliche Generationen der Extrapolation erfährt das universelle Bewusstsein lebhafte Details. Da die Details immer lebendiger, umfangreicher und scheinbar persönlicher werden, neigt das universelle Bewusstsein dazu, sich in seinen Träumen zu verfangen und zu glauben, dass es seine eigenen Projektionen sind. Die Erfahrung eines menschlichen Wesens stellt den gefangenen Zustand des Geistes dar. Wenn es auf diese Weise absorbiert wird, glaubt das universelle Bewusstsein, es sei eine Person (kleines „m"-Geist), die irgendwie von allem anderen getrennt ist.

Die spielerische Projektion von Gegensätzen treibt die Entstehung weiterer Generationen von Erkundungen im Geist eines Menschen an. Ohne diese Projektionen deines Geistes könntest du nicht sehen, dich nicht bewegen und in keiner Weise innerhalb des Hologramms funktionieren, das wir für die Realität halten. Deine Gedanken sind allesamt voneinander abhängige duale Projektionen, die eine mehr oder weniger funktionale Karte deiner zugänglichen sensorischen Realität zeichnen. Du bist das Abbild und Ebenbild des Betrachters. Es gibt keinen anderen.

Die Erfahrung des universellen Geistes wird erst dann unangenehm, wenn er das Selbstbewusstsein durch Lebensformen wie den Menschen erforscht. Da der Mensch die Verkörperung des Betrachters ist, können wir uns daran erinnern, dass unser Geist keine Wahl hat, solange der Wunsch besteht, sich zu identifizieren und an unsere Definitionen des Selbst zu glauben: Er definiert, er kontrastiert und er verliert sich. Sich zu verirren kann ein großer Spaß sein, aber es kann auch zu zwanghaftem Leiden führen, das sich im Kreis dreht und versucht zu definieren und zu kontrollieren, was jenseits von Definition und Kontrolle liegt.

Eine gesunde Übung, die du im Laufe des Tages aktiv anwenden kannst, besteht darin, zu bemerken, wann du dich selbst als dieses oder jenes einstufst. Am offensichtlichsten sind solche Bezeichnungen, wenn du dich selbst als „gut" oder „schlecht" bezeichnest. Aber jedes Etikett, mit dem du dich wirklich identifizierst, wie z. B. deine Berufsbezeichnung, deine soziale oder wirtschaftliche Stellung, deine Würdigkeit usw., verdient Aufmerksamkeit. Genauso wichtig ist es, dass du feststellst, dass du dich gegen alle Etiketten wehrst, mit denen du dich stark identifizierst, wie z. B. „Ich bin kein Lügner" oder „Ich bin nicht geizig". Die Beibehaltung solcher Etiketten kann sehr einschränkend sein und einer gesunden Verbesserung des Lebens im Weg stehen.

Du kannst auch darauf achten, wann du andere in eine Schublade steckst. Das ist so leicht geschehen. Wenn wir glauben, dass andere die Etiketten repräsentieren, die wir ihnen in Gedanken angeheftet haben, wird es für diese Menschen sehr schwierig, sich davon zu befreien, ohne die Beziehung zu beenden. Befreie sie, indem du den Etiketten keinen Glauben schenkst. In deinem Herzen könntest du sogar die Etiketten, die sie auf sich selbst anwenden, ablehnen.

Das Ziel dieser Übung ist es, im Laufe des Tages nach und nach mit deiner essenziellen, unbestimmten Natur in Kontakt zu kommen. Wenn du bemerkst, dass ein Etikett in deinem Kopf auftaucht, nimm es zur Kenntnis und erinnere dich daran, dass du im Grunde genommen *nichts* Bestimmtes bist. Gönne dir einen Moment, um zu spüren, was es heißt, ohne jeden Gedanken zu sein. Selbst ein paar Sekunden hier und da werden dir helfen.

Wenn dir das Spiel der Selbstdefinition immer noch Spaß macht, kannst du natürlich weiterspielen. Wenn du einen anderen Weg bevorzugst, kannst du mit der Praxis des Nicht-Etikettierens beginnen. Was auch immer du wählst, alles ist gut.

Kapitel 15

Der Heilige Geist

In den Kapiteln 13 und 14 haben wir die Bedeutungen von YHVH und ELOHIM so detailliert wie möglich entschlüsselt. Aufgrund ihrer unermesslichen Natur kann jede Beschreibung bestenfalls eine Halbwahrheit sein. Dennoch kann selbst eine Halbwahrheit, solange wir uns bewusst sind, dass es sich um eine Halbwahrheit handelt, ausreichen, um eine kraftvolle Transformation in unserem Leben auszulösen und uns für eine größere Erfahrung der Einheit zu öffnen. Um unser Verständnis zu vertiefen, müssen wir eine andere Perspektive des Betrachters, des Heiligen Geistes, entschlüsseln.

Der Heilige Geist, auch bekannt als der „Geist ELOHIMs", erscheint zum ersten Mal am Anfang von Genesis 1. Um eine Verbindung zu dieser Bedeutung des Heiligen Geistes herzustellen, ist es hilfreich, Genesis 1 als eine anthropomorphisierte, allegorische Erklärung des

Traumprozesses ELOHIMs durch die voneinander abhängigen gegensätzlichen Kräfte von Existenz und Nichtexistenz, Dunkelheit und Licht, Tag und Nacht zu betrachten.

(Bere'sheet)

1 Als[2] ELOHIM den Himmel und das Land schuf, **2** und das Land war[4] wüst und leer, und Finsternis *war* über *dem* Antlitz[p] *der* Tiefe, und <u>der Geist</u>[5] <u>ELOHIMS schwebte</u>[6] über <u>dem Antlitz der Wasser, 3</u> und ELOHIM sprach: „Es werde Licht"; und es ward Licht. **4** Und ELOHIM sah das Licht, dass es gut *war*; und ELOHIM SCHIED zwischen dem Licht und der Finsternis. **5** Und ELOHIM nannte das Licht „Tag", und die Finsternis nannte er „Nacht". Und es wurde Abend und es wurde Morgen – Tag eins.

Bei der „Erschaffung" des Himmels und des Landes herrschen zunächst Verwüstung, Leere und Dunkelheit in der Tiefe. Diese Beschreibungen stehen für den leeren Raum, aus dem der Traum von der „objektiven Realität" hervorgeht. Der Himmel und das Land stehen für den Beginn des Traumprozesses, in dem eine mentale Gegenüberstellung von „Himmel" und „Erde" entsteht.

---

[2] Lit „An *der* Spitze von", Heb *Bere'sheet* in dieser grammatikalischen Konstruktion ist eine zeitliche Phrase, die bedeutet: „Wenn am Anfang ...", siehe Jer 26:1, wo die gleiche Form vorkommt. Sie stellt den „Zustand der Dinge" dar, wenn die schöpferische Tätigkeit beginnt.

[3] ELOHIM ist ein Substantiv im Plural, fungiert aber oft als kollektiver Singular, der ein singuläres Verb voraussetzt. Es ist verwandt mit den hebräischen Begriffen: *'eloah* und *'el*, was Gott, Gott, Macht oder Mächtiger bedeutet, und kann sich auf Richter und Führer, himmlische Wesen, die Götter der Völker oder den einen Gott Israels beziehen.

[4] Oder „wurde".

[5] Heb *ruach*, wörtlich „Wind", siehe Gen 7:1.

[6] D.h. „flattern" oder „zittern", siehe Dtn 32,11; Jer 23,9, die einzigen beiden anderen Stellen, an denen dieses Verb verwendet wird, immer in einer Intensivform (Piel).

In diesem Kapitel wird das Geheimnis des Heiligen Geistes auf dreifache Weise erklärt: durch die Verbindung mit dem Konzept des Wortes Gottes („Logos"), wie es in Johannes 1:1 erwähnt wird, wie es mir in einer mystischen Erfahrung gezeigt wurde und in Bezug auf die aktuellen wissenschaftlichen Erkenntnisse über das Universum. Schauen wir uns zunächst Johannes 1:1 an.

> 1 Im Anfang war das Wort, / und das Wort war bei Gott, / und das Wort war Gott. Im Anfang war es bei Gott. Alles ist durch das Wort geworden / und ohne das Wort wurde nichts, was geworden ist. In ihm war das Leben / und das Leben war das Licht der Menschen. Und das Licht leuchtet in der Finsternis / und die Finsternis hat es nicht erfasst.

Als ich die Vision erhielt, die ich liebevoll „Das Antlitz Gottes" (Kapitel 3) nenne, war ich überwältigt von der unvorstellbar reinen Positivität, die von dem Betrachter auszugehen schien, während er die Polaritäten der Möglichkeiten projizierte, die die Tori sind, die wir als Realität wahrnehmen. In der Einleitung zu Genesis 1 heißt es: „Der Geist ELOHIMs schwebte über der Wasserfläche". Wenn du dir die Anmerkung von Dr. Tabor zu „schweben" ansiehst, wirst du sehen, dass die alternativen Bedeutungen für „schweben", „flattern" oder „schütteln" sind. Dieses Flattern oder Schütteln ist eine Vibration über der Oberfläche des Torus.

Am besten kann ich diese Schwingung als ein Lied des ewigen, liebenden Lobes beschreiben, das sich vom Zentrum aus wie endlose konzentrische Ringe ausbreitete, die sich über die Oberfläche des Torus bewegten wie ein starker Wind über ein Feld mit hohem Gras. Als ich Zeuge dieses Phänomens wurde, begriff ich, dass das Wesen des *Heiligen Geistes* und das *Wort Gottes* ein und dasselbe sind. Johannes 1:1 beginnt mit „Im Anfang war das Wort, und das Wort war bei Gott, und das Wort war Gott."

Schauen wir uns diese Worte genauer an, die mit einem Verweis auf *bere'sheet* beginnen, ein hebräisches Wort, das normalerweise mit „Im Anfang" übersetzt wird. Bere'sheet ist der Titel des ersten Buches der hebräischen Bibel und steht am Anfang des ersten Satzes der hebräischen Bibel. Diese Wiederholung deutet auf seine Bedeutung hin.

Bere'sheet ist das Alpha und das Omega, der Anfang und das Ende. Als Titel wird Bere'sheet im Englischen mit „Genesis" übersetzt. Es ist klar, dass das Wort Bere'sheet von zentraler Bedeutung ist, um ein funktionales Verständnis nicht nur dieses Kapitels, sondern auch von Genesis 1-3, der Realität und unserer eigenen Natur zu erlangen, zumindest in dem Maße, in dem diese Dinge verstanden werden können.

Wenn du ein ausreichend tiefes Verständnis der zeitlosen Bedeutung von bere'sheet hast, wirst du schnell die Bereiche der Heiligen Bibel erkennen, die in die Irre führen, genauso wie du schnell die Bereiche in dir selbst und in deinem Leben sehen wirst, die dich in die Irre führen.

Bere'sheet setzt sich aus zwei hebräischen Wörtern zusammen, *Bet* (ב) und Roshe *(ראשׁ)*. Die Kombination hat eine Reihe möglicher Bedeutungen, die unseren Verstand möglicherweise dazu verleiten, Bedeutungen zu wählen, die nicht mit *dem Prinzip* übereinstimmen. *Bet* ist eine allgemeine, für alle Zwecke geeignete Präposition, die „in", „bei", „mit", „unter", „während", „durch" usw. bedeuten kann. Der Wortstamm Roshe setzt sich aus den hebräischen Buchstaben zusammen: Resh, Alef und Shin. Roshe, wie es üblicherweise verwendet wird, bedeutet *Anfang* oder *Kopf*. Ein Blick in Strongs Konkordanz und Lexikon, die wichtigste

Quelle für die Erforschung des biblischen Hebräisch, gibt uns folgende Informationen:

> rô'sh, roshe; von einer ungebrauchten Wurzel, die anscheinend schütteln bedeutet; der Kopf (wie am leichtesten zu schütteln), ob wörtlich oder bildlich (in vielen Anwendungen, von Ort, Zeit, Rang, etc.): Band, Anfang, Hauptmann, Kapitän, Häuptling, Gesellschaft, Ende, × jeder (Mann), ausgezeichnet, zuerst, im Vordergrund, (Be-)Kopf, Höhe, (auf) hoch(-em Teil, (Priester)), × führen, × arm, Haupt, Herrscher, Summe, Spitze.
> https://www.blueletterbible.org/lexicon/h7218/kjv/wlc/0-1/

Wie du sehen kannst, ist Hebräisch eine komplexe Sprache, in der ein Wortstamm viele mögliche, miteinander verbundene Bedeutungen haben kann. Eine solche Komplexität macht es leicht, eine beabsichtigte Bedeutung falsch zu verstehen. Um Missverständnisse so weit wie möglich einzuschränken, werde ich mich an drei Anhaltspunkte halten: die tatsächlichen hebräischen Definitionen gemäß Strongs Konkordanz und Lexikon, mystische Erfahrungen des Unendlichen und relevante wissenschaftliche Erkenntnisse.

Da die Genesis bisher durch die Linse der Zeit interpretiert wurde, ist „Im Anfang" die traditionelle Übersetzung. Wenn wir die Zeit aus der Gleichung herausnehmen, müssen wir andere mögliche Bedeutungen in Betracht ziehen, um festzustellen, welche, wenn überhaupt, mit dem Code übereinstimmen.

Viele Leser denken vielleicht, dass „das Höchste" funktionieren würde, aber das stimmt nicht, weil *das Höchste* eine vergleichende Aussage ist, die nicht zu „es gibt kein anderes" passt. Denke daran, dass zum Vergleichen immer zwei gehören.

Das Unendliche als das „Höchste" zu bezeichnen, bedeutet, alles andere als niedriger zu beurteilen, was die irrtümliche Perspektive von Adam und Eva in Genesis 3 ist.

Unser Verstand neigt dazu, das Unendliche als über uns stehend zu betrachten, gerade weil wir uns selbst als gottlos beurteilt haben, wie Adam und Eva vor uns. Um uns davor zu bewahren, in diese Falle zu tappen, sollten wir uns von der Alles-ist-eins-, Alles-ist-gut-, Alles-ist-Gott-Perspektive des Betrachters leiten lassen.

Nachdem wir nun „das Höchste" ausgeschlossen haben, wollen wir uns andere mögliche Übersetzungen ansehen, um zu sehen, was funktionieren könnte. Glücklicherweise gibt uns der Code klare Richtlinien für unsere Auswahl. Da wir uns auf die nicht-duale Perspektive des reinen Bewusstseins beziehen, die frei von Zeit, Ort oder Rang ist, müssen wir auf alle vergleichenden Bedeutungen verzichten.

Diese einfache Klarstellung schließt alle Bedeutungen außer *Schütteln* und *Kopf* aus. Wenn wir uns *Kopf* als *Quelle* vorstellen, wie *Oberwasser*, dann funktioniert es. *Schütteln* passt auch zu dem ersten Satz, in dem gesagt wird, dass ELOHIM über dem Wasser schwebt oder schüttelt. Wenn du die Anmerkung von Dr. Tabor zu bere'sheet beachtest, wirst du folgendes sehen:

> Lit „An *der* Spitze von", Heb *Bere'sheet* in dieser grammatikalischen Konstruktion ist eine zeitliche Phrase, die bedeutet: „Wenn am Anfang ...", siehe Jer 26:1, wo die gleiche Form vorkommt. Sie stellt den „Zustand der Dinge" dar, wenn die schöpferische Tätigkeit beginnt.

Anstelle einer zeitlichen Aussage, wie es die traditionelle Auffassung ist, sollten wir den „Stand der Dinge" als zeitlosen

Bezug betrachten. So gesehen funktioniert es. In jedem Fall wird durch die Verwendung von bere'sheet und genesis die vibrierende Quelle deutlich. Schütteln heißt schwingen. Diese Schwingung ist das ewige „Singen" des Lobpreises, das ich bereits erwähnt habe.

Wenn wir *Bet* mit „bei" und *Roshe* mit „schüttelndes Haupt" übersetzen, erhalten wir „Bei dem schüttelnden Haupt", was wir bildlich als die allgegenwärtige schüttelnde oder vibrierende Quelle der Existenz betrachten können. Wenn wir diese Bedeutungen einfügen, würde der Anfang von Genesis 1:1-2 wie folgt aussehen: „An der schüttelnden Quelle ELOHIMS, DER den Himmel und das Land schuf – und das Land war wüst und leer; und Finsternis *war* über *dem* Antlitz *der* Tiefe, und der Geist ELOHIMS schüttelte sich über dem Antlitz der Wasser."

Da wir bereits über die Etymologie von bere'sheet und die damit verbundenen mystischen Erfahrungen gesprochen haben, wollen wir uns nun der Wissenschaft zuwenden. Nach den Erkenntnissen der Wissenschaft ist das Universum ein vibrierendes Energiefeld, das auf den Urknall zurückgeht. Energie schwingt. Licht schwingt. Schall vibriert. Atome vibrieren. Sogar die Gehirnströme, die wir mit Bewusstseinszuständen in Verbindung bringen, vibrieren. Die Sterne und Planeten vibrieren.

Um ein Gefühl für die kosmischen Schwingungen zu bekommen, kannst du im Internet nach „Symphony of Stars: The Science of Stellar Sound Waves | NASA" suchen. Dort kannst du den Schwingungen des Universums lauschen. Es ist ehrfurchtgebietend.

Wie du sehen kannst, stimmt „An der erschütternden Quelle" mit allen drei oben genannten Leitfäden überein: den ursprünglichen hebräischen Schriftzeichen, der mystischen Erfahrung und der Wissenschaft. Die alten Weisen verstanden und die Wissenschaft bestätigt heute, dass alles vibriert und in

Resonanz ist, sogar der Weltraum. Diese Schwingung ist das liebevolle Lob des Betrachters oder anders ausgedrückt, des Heiligen Geistes. Die Schwingung bewegt sich vom Zentrum des Torus aus wie ein großer Wind, der über das Gras weht, während sie in den Traum der Realität hineinschwingt.

Die Christen denken, dass sich das „Wort Gottes" bei Johannes auf Jesus von Nazareth bezieht, den sie „Christus, der von Gott Gesalbte" nennen. Das mag der Fall sein oder auch nicht, aber die Bedeutung des Wortes Gottes ist viel weiter gefasst und kann auf eine andere Art und Weise betrachtet werden, die für alle aufschlussreicher und hilfreicher sein kann, auch für Menschen, die sich nicht mit dem Christentum identifizieren.

Das Wort Gottes ist der Geist Gottes, der das Universum mit Leben füllt. Es ist im Wesentlichen das Bewusstsein im Geist, was eine andere Art ist, zu sagen, dass das Wort Gottes die Schwingung von YHVH ELOHIM ist.

> „In ihm war das Leben, und dieses Leben war das Licht für alle Menschen. Es leuchtet in der Finsternis, und die Finsternis hat es nicht auslöschen können." (Johannes 1,4-5)

Die Finsternis ist der Geist. Das Licht erhellt den Geist. Die Entstehung der „objektiven Realität" ist Geist im Bewusstsein und Bewusstsein im Geist – Chaos in der Ordnung und Ordnung im Chaos. Es ist das Gesetz. Es ist das Leben.

Menschen können Erfahrungen mit dem Heiligen Geist machen und wenn er „über sie kommt", wie es in den Evangelien oft beschrieben wird, kann diese Erfahrung dramatische Auswirkungen auf Körper und Geist haben. Ich habe diese Wirkung in Kapitel 1 wie folgt beschrieben: „Der Traum war genauso, wie er immer gewesen war, aber unerwartet, in dem Moment, in dem ich immer erwachte, in dem Moment, in dem Jesus zum zweiten Mal um Hilfe bittet, erfüllte eine Energiewelle meinen Körper und verankerte mich in dem Traum."

Dieser Energieschub ist die Erfahrung des Heiligen Geistes. Es fühlt sich an, als ob Licht in dich hineinweht. Wenn man die hebräische Bedeutung des „Geistes Gottes" nachschlägt, findet man Folgendes: Ruach (רוּחַ) bedeutet auf verschiedene Weise „Wind", „Geist" oder „Atem". ELOHIM kann „groß" oder „Gott" bedeuten, sodass Ruach ELOHIM (der Geist Gottes) auch als „der Wind Gottes" oder „Atem Gottes" interpretiert werden kann.

Du wirst feststellen, dass der Schöpfungsprozess in Genesis 2 durch den Atem Gottes erfolgt. Zur Erinnerung, der Abschnitt lautet wie folgt: „Und YHVH ELOHIM formte das Bodengeschöpf – Staub aus der Erde – und blies in seine beiden Nasenlöcher den Odem des Lebens; und das Bodengeschöpf wurde ein lebendiger Lebensspender."

Die Erfüllung mit dem Heiligen Geist hat in der Regel eine Reihe von starken Auswirkungen auf den Menschen. Eine mögliche Auswirkung ist, dass man sich stark verankert fühlt, sodass man, wenn man gerade steht, das Gefühl hat, dass die Füße mit dem Boden verschweißt sind oder dass die Energie den Körper dazu bewegt, etwas Bestimmtes zu tun. Eine weitere häufige Wirkung ist das Gefühl, von einem strahlenden, inneren Licht erfüllt zu sein. Dieses Licht sorgt für eine Klarheit, die weit über die normalen Vorstellungen von geistiger oder emotionaler Klarheit hinausgeht. Schließlich geht die Erfahrung, vom Heiligen Geist erfüllt zu sein, oft mit mächtigen mystischen, offenbarenden oder aufschlussreichen Erfahrungen einher. Welche Erfahrung auch immer mit der Erfüllung mit dem Heiligen Geist einhergeht, es ist ratsam, sich deswegen nicht als etwas Besonderes zu fühlen.

Lerne aus den Erfahrungen und lasse sie los, sonst wirst du in der Falle der Arroganz gefangen sein.

Jemand, der solche Erfahrungen noch nicht gemacht hat, könnte annehmen, dass sie auf eine psychiatrische Störung hindeuten. Psychiatrische Störungen unterscheiden sich jedoch grundlegend von Erfahrungen mit dem Heiligen Geist. Die Erfahrung des Heiligen Geistes führt zu Klarheit, verbesserter Funktionalität und gesunden Ergebnissen, während psychiatrische Störungen oft das Gegenteil bewirken.

Auch wenn es zunächst nicht intuitiv erscheint, ist es hilfreich, sich bewusst zu machen, dass der Heilige Geist immer in uns wohnt, auch wenn wir uns dessen normalerweise nicht bewusst sind. Wenn er sich offenbart, mag es so aussehen, als käme er von außen, aber das ist nicht das, was tatsächlich geschieht. Er fühlt sich nur so an, als wäre er etwas anderes als du, denn wenn er den Körper überflutet, ist er dir völlig fremd. Wenn der Heilige Geist im Körper ausreichend zum Ausdruck kommt, was bedeutet, dass das Gefühl, eine getrennte Identität zu sein, wegfällt, entsteht eine lebendige Klarheit, Ganzheit und die Erkenntnis, dass man im tiefsten Inneren schon immer eins mit dem Heiligen Geist war.

Die Frage, die du dir nach dem Ende der Erfahrung des Heiligen Geistes wahrscheinlich stellen wirst, ist, wie du ihn zurückbekommst. Wir werden diese Frage im nächsten Kapitel erörtern. Das Wichtigste, was du aus diesem Kapitel mitnehmen kannst, ist, dass das reine Bewusstsein, der universelle Geist und der Heilige Geist in ihrem Wesen dreieinig sind oder drei Aspekte ein und derselben Sache. Dieses dreieinige Wesen bist du, ich, das gesamte Universum und darüber hinaus. Es gibt kein anderes.

Hier ist eine grundlegende Übung, die sich eine andere Bedeutung zunutze macht, nämlich „wahre Worte". Ein Großteil unserer inneren Disharmonie entsteht einfach dadurch, dass wir uns selbst und anderen gegenüber unehrlich sind. „Wahre Worte" zu praktizieren bedeutet, dass wir unsere Worte und unser Denken so anpassen, dass wir in unserem Herzen mehr im Einklang und wahrhaftig sind.

Um ehrlich zu sein, scheint es viel einfacher zu sein, zu erkennen, wann wir nicht wahrhaftig sind, als wann wir wahrhaftig sind, denn die Wahrheit lässt sich nur schwer festmachen. Achte also bei dieser Übung auf alle Gedanken und die Sprache, die du verwendest, die nicht mit dem übereinstimmen, was du denkst und sagen würdest, wenn du die Fülle deines Wesens wirklich lieben, ihr vertrauen und sie unterstützen würdest.

Im Folgenden findest du eine kurze Liste von Gedanken und Äußerungen, die uns von der vollen Entfaltung unserer wahren Natur wegführen:

Angeberei

Angenommene Motivationen

Arglist

Aufmerksamkeit suchen

Dein Wort brechen

Emotionale Manipulation

Feige Ja-Sager

Gehässigkeit

Gewissheit

Hass auf

Herrschsüchtig

Ich hab's ja gesagt

Identifikation mit der Ideologie

Klatsch und Tratsch

Minimierung der Verantwortung

Ressentiments

Schmeichelei

Schnüffeln

Schnüffelei

Selbstverherrlichung

Selbstabwertung (gewohnheitsmäßig)

Selbstviktimisierung

Sich der Verantwortung entziehen

Soziale Positionierung

Ungezwungene Versprechen

Unnötige Notlügen

Unpünktlichkeit (gewohnheitsmäßig)

Unwirksame Beschwerde

Vernachlässigung

Verurteilung

Wünsche rationalisieren

Zulassung beantragt

Kapitel 16

Du

„Das Kommen des Reiches Gottes ist nicht etwas, das man beobachten kann, noch werden die Menschen sagen: 'Hier ist es' oder 'Dort ist es', denn das Reich Gottes ist mitten unter euch."

-Jesus (Lukas 17:20-21)

Wenn du die „Augen zum Sehen" ausreichend entwickelt hast, wirst du mehrere Hinweise auf das Wesen des Reiches Gottes bemerken, die in dem obigen Zitat versteckt sind. Das Reich Gottes, auch Himmelreich genannt, ist das metaphorische Paradies, das in Genesis 2 als der Garten Eden beschrieben wird.

Im Hebräischen ist „Eden" der Name eines Ortes oder einer Region und bedeutet „Freude" oder „Glückseligkeit". Der Garten Eden wird auf Hebräisch „Gan Eden" genannt. Da Jesus Jude war und zu jüdischen Mitbürgern sprach, ist Gan Eden das, was Jesus mit dem Reich Gottes gemeint haben könnte. Bitte denke einen Moment über das obige Zitat aus dem Lukasevangelium nach, bevor du weiterliest, um die darin verborgenen Bedeutungen zu erforschen.

Beachte, dass Jesus davon spricht, dass das Reich Gottes kommt und sich gleichzeitig mitten unter den Menschen befindet. Wie kann es gleichzeitig kommen und mitten unter ihnen sein?

Das „kommende Reich Gottes" bezieht sich auf das Potenzial der Menschen, sich dem Eden in sich selbst zu öffnen. Aber das ist nicht alles, was damit gemeint ist, denn das Reich, das im Inneren existiert, kann sich auch auf Jesus selbst beziehen oder auf jeden Anwesenden, der ein lebendiges Beispiel für ein völlig offenes Herz war. Die verborgene Botschaft ist, dass das Reich Gottes, Eden, in uns *und* um uns herum ist. Um es zu erfahren, muss man nur sein Herz für die Gesamtheit des Lebens öffnen. Aber um das zu tun, musst du dich zuerst ganz für dich selbst öffnen und das bedeutet, dass du dein Herz ganz für die Schlange in dir öffnen musst.

Die Schlange im Garten ist weder ein Fehler, noch ist sie böse. Die Schlange steht für Selbstbewusstsein, eine Fähigkeit, ohne die wir nackten Affen nicht überleben könnten. Der Baum der Erkenntnis von Gut und Böse steht für Wissen, Identität, Logik, Vernunft und moralisches Urteil. Der Baum des Lebens steht für den erwachten Zustand des Gleichgewichts, in dem man die Fähigkeit zu Identität, Logik, Vernunft und Unterscheidungsvermögen besitzt, aber nicht mehr von diesen Kräften gefangen ist.

Das Himmelreich offenbart sich uns, wenn im Menschen ein Gleichgewicht zwischen universellem Geist und reinem Bewusstsein herrscht, in dem sich Instinkt, detaillierte

Wahrnehmung und ein geerdetes kontextuelles Bewusstsein gegenseitig unterstützen. Dann sind wir wach.

Die Feststellung Jesu, dass das Himmelreich in uns existiert, hat drei miteinander verbundene Bedeutungen. Erstens, dass das Reich kommt, was auf die Möglichkeit einer zukünftigen Verwirklichung hinweist. Zweitens, dass das Reich Gottes hier ist, und zwar bewusst durch Jesus. Und drittens, dass das Reich Gottes durch jeden Einzelnen unbewusst hier ist. Der Garten Eden war schon immer in uns und wird immer da sein. Die gefühlte Erfahrung von Eden kommt zu denen, die durch ihr tägliches Leben zu dieser Tatsache erwachen.

Mit unserem Potenzial für Harmonie im Leben im Hinterkopf wollen wir den gesamten Prozess des Betrachters verfolgen, wie er seine ganzheitliche Natur vergisst, den Traum von sich selbst als menschliches Wesen erlebt und sich seiner wahren Natur innerhalb der Erfahrung des menschlichen Wesens luzide bewusst wird.

Um den menschlichen Aspekt dieser Geschichte zu vermitteln, muss ich sie aus der Perspektive der Zeit erklären. Es gibt keine andere Möglichkeit, diesen Prozess zu vermitteln, denn Zeit ist die Art und Weise, wie Menschen das Leben erfahren. Du solltest bedenken, dass alles, was beschrieben wird, aus der Perspektive des Unendlichen eigentlich zeitlos ist.

Aus seiner offenen Perspektive sieht das reine Bewusstsein alle Möglichkeiten und erkennt angesichts aller möglichen Formen und Ausdrücke, dass es nichts anderes gibt. Das reine Bewusstsein ist Betrachter aller Potenzialität gleichzeitig. Als Ergebnis des totalen Sehens bleibt es nicht in einer bestimmten Perspektive gefangen.

Aufgrund seines allumfassenden Bewusstseins kann es mit einem strahlend weißen Licht verglichen werden. Wenn ein

Mensch die ganzheitliche Perspektive des reinen Bewusstseins erfährt, fühlt er Schönheit und Liebe jenseits der Vorstellungskraft. Worte kommen nicht an diese Erfahrung heran. Solche Menschen werden sich wahrscheinlich an die Erfahrung des reinen Bewusstseins als eine der bedeutungsvollsten (oder als die bedeutungsvollste) ihres Lebens erinnern und viele von ihnen werden beginnen, ihr Leben dem Teilen dieser Perspektive zu widmen.

Der universelle Geist stellt das Potenzial des Unendlichen dar, seine Aufmerksamkeit auf eine bestimmte Gruppe von Möglichkeiten zu beschränken, zum Beispiel auf eine bestimmte Identität. Ähnlich wie das Schließen der Augen die Wirkung hat, das Licht auszublenden, ist die Erfahrung der Dunkelheit. Wenn der universelle Verstand seine Aufmerksamkeit auf diese Weise einschränkt, löst die Dunkelheit einen traumähnlichen Zustand aus, den wir als Realität erleben. Durch seine Suche projiziert das universelle Bewusstsein gegensätzliche Vorstellungen von sich selbst, sowohl positive als auch negative. Die dualen Kräfte von Ordnung und Chaos verbinden sich, um das Hologramm der Realität zu erschaffen, den Traum des Lebens, den Traum von dir.

In dem Maße, in dem der Betrachter sein Bewusstsein durch fortschreitende Extrapolationen auf projizierte Potenziale verengt, verliert er immer mehr den Überblick über seine einheitliche oder nonduale Natur. Da ihm dies nicht bewusst ist, versucht er natürlich, sich zu identifizieren, so wie Menschen versuchen, ihre Identität zu finden und zu bewahren.

Im Wesentlichen verliert sich der universelle Geist in einem Traum von dualen Gegensätzen, der die energetische Form eines Torus annimmt. Die Erde strahlt diesen Torus aus, ebenso wie alle Nervenzentren in deinem Körper, vor allem dein Gehirn, dein Herz und dein Darm. Jede Zelle hat ein magnetisches Feld, einen

Torus. Du bist der Betrachter, der von sich selbst als Person träumt. Du bist die Verkörperung des Unendlichen und hast deine unendliche Natur vergessen.

Der Betrachter, der seine Aufmerksamkeit verengt hat, hat seine ganzheitliche Natur vergessen. Wenn der Betrachter als Mensch in die Welt geboren wird, befindet er sich in einem Zustand der Unschuld, wie ihn Adam und Eva in Genesis 2 erleben. Diese Unschuld bleibt bestehen, bis der menschliche Körper durch die Sinne reift und das Gefühl des Selbstbewusstseins ausreichend entwickelt. Das Selbstbewusstsein führt zu Selbstschutzmaßnahmen und zu einer Verschließung des Herzens in einem Zustand nahezu ständiger Selbstversunkenheit. Du kennst diesen Zustand vielleicht noch aus deiner Jugendzeit.

Durch die Sozialisierung lernt ein Kind, seine Selbstversunkenheit so weit zu kontrollieren, dass es in der Gesellschaft produktive Beziehungen aufbauen kann. Doch unabhängig vom Grad des Erfolgs in der Welt fühlt sich das Individuum irgendwie unvollständig und nie ganz wohl in der eigenen Haut. Dieser Zustand entspricht dem Selbstzweifel und der Aufsässigkeit von Adam und Eva in Genesis 3.

In diesem Entwicklungsstadium erlebt der Mensch eine nahezu ständige innere Unzufriedenheit niedrigen Grades. Er neigt dazu, sich nicht wirklich gesehen und gehört zu fühlen, obwohl er sich vielleicht sogar davor fürchtet, wirklich gesehen und gehört zu werden. Du empfindest Misstrauen gegenüber dir selbst und anderen.

Diese Gefühle rühren von einem Verlust des kontextuellen Bewusstseins her, der ein Gefühl der Trennung vom Leben hervorruft. Dieser eingeschränkte Bewusstseinszustand kann sich auch in einem Gefühl des Ausgestoßenseins und der

Unwürdigkeit, geliebt zu werden, ausdrücken – im Grunde genommen fühlen wir uns allein. Bewusst können wir Selbstzweifel empfinden oder wir fühlen uns arrogant. Es ist auch möglich, dass wir zwar diese Dinge zum Ausdruck bringen, aber uns dieser Äußerungen völlig unbewusst sind. Ob wir Selbstzweifel oder Arroganz ausdrücken, hängt weitgehend von unserem Persönlichkeitstyp ab. In jedem Fall sind beide Ausdrücke ein Zeichen tiefer Verunsicherung.

Die häufigste Strategie für den Einzelnen ist es, sich von diesen unterschwelligen Gefühlen durch unzählige Mittel abzulenken: Schlaf, Sex, Rauschmittel, Unterhaltung, Hobbys, Beziehungen, Arbeit – alles, was dich davon abhält, deinen inneren Raum zu lange zu spüren.

Manche Menschen haben den Wunsch, zu erwachen, d.h. die zugrunde liegende Disharmonie zu erkennen und ihre tiefste Natur zu entdecken. Dieser Zustand sollte nicht als moralisch überlegen angesehen werden, denn so zu messen hieße, vom Baum der Erkenntnis von Gut und Böse zu essen.

Was wir sagen können, ist, dass bestimmte Menschen aus irgendeinem Grund der Selbstversunkenheit überdrüssig werden und ihre Augen öffnen wollen, um sich selbst, andere und die Welt umfassender zu sehen. Du willst erforschen und verstehen, was unharmonische Gedanken, Gefühle und Verhaltensweisen, die dein Leben negativ beeinflusst haben, motiviert. Du willst ganz ehrlich zu dir selbst sein, authentisch und im Leben präsent. Du willst dich nützlich machen, indem du das tust, was nach deiner eigenen Definition dieser Worte hilfreich, notwendig, sinnvoll und engagiert ist.

Diese erwachenden Menschen, die wirklich auf ihr Leben achten und sich nicht auf Autoritäten berufen, wenn es um ihre innere Natur geht, entdecken die Bedeutung von Reue und Sühne.

Sie erkennen, dass es Reue bedeutet, mit sich selbst völlig ehrlich über die Facetten der Selbstversunkenheit zu sein. Reue bedeutet, zuzugeben, wo wir Scham, Schuld und Arroganz empfinden. Reue bedeutet, den Verstand zu bemerken und zu korrigieren, wenn er über uns selbst, andere oder das Universum moralisiert. Durch anhaltende Bewusstheit hören diese Menschen auf oder verringern zumindest ihre Gewohnheiten des Etikettierens, Verurteilens, Verfluchens und Moralisierens.

Um den Prozess zu vollenden, öffnen sie ihr Herz vollständig, um Groll und Hass auf diese negativen Energien in sich selbst und auf andere loszulassen. Sie öffnen notwendigerweise ihr Herz und ihren Geist, um die tatsächlichen Ursachen dieser Energien zu sehen, indem sie das moralisierende Urteil über diese Energien aufheben. Die Beseitigung des moralisierenden Urteils schafft wahre Klarheit. Diese Klarheit ist die Bedeutung von Vergebung. Wenn sie die Ursachen von Scham, Schuld und Arroganz klar sehen, solange sie nicht in Scham, Schuld und Arroganz verfallen, während sie sie sehen, dann sind sie klar. Es hilft, sich an die Warnung Jesu in Matthäus 7,1-2 zu erinnern: „Richtet nicht, damit ihr nicht gerichtet werdet; denn mit welchem Gericht ihr richtet, werdet ihr gerichtet werden, und mit welchem Maß ihr messt, wird euch zugemessen werden."

Wir sollten uns über die Bedeutung der Vergebung im Klaren sein. Für viele von uns ist das Konzept der Vergebung durch die moralisierende Tendenz des Verstandes stark verzerrt worden. Wir Menschen neigen dazu, uns selbst und andere dafür zu verurteilen, dass wir nicht vergeben und dass wir vergeben. Vergebung oder das Fehlen von Vergebung macht uns nicht gut oder schlecht, überlegen oder minderwertig. In der Tat ist Vergebung kein moralischer Prozess. Vergebung entsteht nur durch Klarheit. Ohne Klarheit kann es keine Vergebung geben. Mit

Klarheit erkennen wir die erdrückende Wirkung, die moralisierende Urteile für alle Beteiligten haben und deshalb ist es viel unwahrscheinlicher, dass wir jemanden oder etwas verurteilen. Und wenn wir doch moralisch urteilen, ist es sehr viel wahrscheinlicher, dass wir das Urteil bemerken und es wie eine heiße Kartoffel fallen lassen. Klarheit bedeutet, zu verstehen, dass es Gründe für das Verhalten von Menschen gibt, auch wenn diese Gründe uns nicht bekannt sind.

Es wird allgemein angenommen, dass Vergebung gleichbedeutend mit der Bedeutung von Versöhnung ist, aber Vergebung und Versöhnung sind nicht gleichbedeutend. Vergebung bedeutet, andere von der moralischen Verurteilung freizustellen. Versöhnung hingegen bedeutet, dass alle Parteien beschließen, die Beziehung aufrechtzuerhalten und dabei alle strittigen Fragen zu klären.

Wenn du die andere Person über das unerwünschte Verhalten informiert hast und die andere Person es wiederholt versäumt, es zu korrigieren, dann ist es vernünftig und vielleicht sogar gesund, sie aus deinem persönlichen Leben auszuschließen. Ein Mensch, der Klarheit hat, erkennt, dass es seine Vorliebe und sein Vorrecht ist, wen er in sein Privatleben lässt. Das ist Klarheit.

Wer Klarheit hat, erkennt, dass er jemanden voll und ganz lieben und ihm sein schlechtes Verhalten verzeihen kann und sich dennoch entscheidet, keine aktive Beziehung zu ihm zu unterhalten. Du fühlst keine Scham, keine Schuldgefühle, keine Arroganz und keinen Groll, wenn du die Beziehung aufrechterhältst oder abbrichst. Du hast die Klarheit zu wissen, was du in deinem Leben willst und was nicht und du erkennst den Preis an, den du für dein Handeln und Nichthandeln zahlst.

Der Mensch mit Klarheit übernimmt die Autorität in seinem Leben und lässt keine Ausreden gelten. Du achtest darauf, mit anderen Menschen zu verhandeln, wenn dies notwendig ist, weil du erkennst, dass das Vermeiden notwendiger, aber unangenehmer Gespräche zum Aufbau von Abneigung führt. Du weißt, dass Abneigung Klarheit verhindert und Beziehungen ruiniert.

Natürlich versteht der erwachende Mensch, dass das Licht der Klarheit notwendigerweise am hellsten auf seine eigenen Gedanken, Gefühle und Verhaltensweisen scheint. Der erwachende Mensch strebt danach, seine eigenen Motivationen zu erkennen. Mit ausdauernder Beobachtung kann er die Ursache aller negativen Gedanken, Emotionen und Verhaltensweisen im Detail erkennen, während er ein völlig offenes Herz bewahrt. Mit völlig offenem Herzen zu sehen bedeutet Sühne. Sühne bedeutet, zuzugeben, warum wir so denken, fühlen und handeln, wie wir es tun. Sühne ist nur dann wahr, wenn das Eingeständnis ohne Rechtfertigung, Verharmlosung, Scham, Schuld, Arroganz oder Abneigung erfolgt.

Solche Menschen bemerken, dass sie viel Energie mit nutzlosem Murren und Klagen über Dinge verschwenden, über die sie keine Kontrolle haben. Und mit diesem anhaltenden Bewusstsein verschwinden unwirksame Beschwerden aus ihrem Leben. Diese eine Veränderung spart ihnen eine Menge Zeit und Energie, die sie dann auf das richten können, was sie als notwendig, hilfreich, sinnvoll und engagiert empfinden. Du wirst dich durch diese einfache Veränderung sehr gestärkt fühlen.

Bei anhaltender täglicher Anwendung des *Prinzips* wächst in dem erwachenden Menschen ein Gefühl der Weite oder Räumlichkeit. Mit Beharrlichkeit reicht es über das Fleisch hinaus und umfasst die Umgebung um ihn herum. Solche Menschen beginnen zu spüren, dass diese Weite der gemeinsame Nenner des Bewusstseins hinter jedermanns Herzen und Verstand ist, auch wenn sich die meisten Menschen dieses gemeinsamen Nenners nicht bewusst sind.

Der hochgradig erwachte Mensch kann diese Räumlichkeit in sich selbst, in Tieren, in Bäumen, in Felsen, in allem spüren. Und je stärker dieses Gefühl wird, desto weniger glauben diese Menschen, dass sie ihre Persönlichkeit, ihre Gedanken, Gefühle oder ihre Lebensgeschichte sind. Von Zeit zu Zeit können sie sich immer noch in ihrer Identität, ihren Gedanken, Gefühlen und ihrer Geschichte verfangen, aber sie kommen relativ schnell aus diesem Bann heraus. Wenn sie die Fähigkeit entwickeln, sich von diesen Energien zu lösen, verlieren diese Kräfte die Herrschaft über ihr Leben. Solche Menschen sind in gewissem Sinne auf eine Weise frei, wie es andere Menschen nicht sind.

Durch ein offenherziges, weiträumiges Bewusstsein, das nicht mit Persönlichkeitsmerkmalen wie Verträglichkeit oder Offenheit für Erfahrungen gleichgesetzt werden sollte, können diejenigen, die bewusst damit leben, erkennen, dass andere Menschen in ihren Gedanken gefangen sind und sich allein, getrennt und der Liebe unwürdig fühlen, so wie sie sich selbst einst fühlten. Sie können sehen, dass Scham, Schuld und Arroganz unbewusst das Leben fast aller Menschen bestimmen. Und sie wissen, dass diese Kräfte zu vielen der Entscheidungen führen, von denen die Menschen glauben, dass sie sie frei wählen.

Du kannst auch sehen, dass die Menschen gefangen sind und nach Ablenkung oder Fluchtwegen suchen. Aber der erwachende Mensch weiß, dass es kein Entkommen der Realität gibt. Das erwachende Individuum sieht klar, dass der Wunsch, seine grundlegende Natur zu messen, die darin besteht, das Selbst zu moralisieren, unsere tiefe Unsicherheit und das Gefühl des Alleinseins nur noch verstärkt. Das vorübergehende Verschließen des Bewusstseins vor diesen unangenehmen Gefühlen in

Verbindung mit der persönlichen Identifikation mit ihnen schürt den Zustand der Unsicherheit noch weiter. Der Mensch, der in Klarheit lebt, erkennt, dass der Weg aus diesem Alptraum darin besteht, sich diesen Gefühlen zu öffnen, sich den Ängsten zu stellen und sich die unzähligen Arten einzugestehen, in denen er sich selbst und andere beschämt, beschuldigt und schuldig gemacht hat.

So kann uns der Prozess des Erwachens zu einer zutiefst verkörperten Ehrlichkeit führen. Oft können wir erkennen, dass die erhabenen Werte, nach denen wir vielleicht gestrebt haben, wie Weltfrieden, anderen zu helfen, Mitgefühl, Güte und Liebe, in vielen Fällen durch weit weniger edle Energien motiviert waren, wie Bequemlichkeit, das Streben nach Anerkennung oder sich selbst als moralisch aufrecht oder spirituell zu sehen.

Viele Menschen haben vermutlich sehr hart daran gearbeitet, moralische Ziele zu erreichen, aber wenn sie erwachen und beginnen, hinter den Vorhang ihres Verstandes zu blicken, werden sie wahrscheinlich ein gewisses Maß an Bildbewusstsein in Bezug auf diese Ziele feststellen, was bedeutet, dass sie nach Anerkennung oder Bestätigung ihrer Würdigkeit gesucht haben könnten. Die kombinierte Übung, zutiefst ehrlich zu sich selbst zu sein und das eigene Herz zu öffnen, führt Menschen, die in Klarheit leben wollen, durch eine sehr gesunde Form des Unbehagens, die letztlich das Himmelreich im Inneren offenbart. Deine tägliche Praxis ist eine anhaltende Liebe für *alles, was ist.* Diese Liebe verändert die Beweggründe für deine Ziele und die Art und Weise, wie du so ziemlich alles tust.

Du erkennst, dass das Himmelreich, wenn es durch einen menschlichen Körper erfahren wird, nicht mit Bequemlichkeit gleichgesetzt werden sollte. In Wirklichkeit ist die Erfahrung eine vibrierende Lebendigkeit, die dem ähnelt, was Sportler oft als „in seinem Element sein" beschreiben. Stell dir vor, du reitest auf dem Blitz, wenn du der Blitz bist. In Eden zu sein bedeutet, dass du ganz DU bist.

Wie du also sehen kannst, beginnt der Prozess des Erwachens expansiv wie in Genesis 1, verengt sich durch die Manifestation eines unschuldigen Körpers, wie in Genesis 2, wird durch das Selbstbewusstsein selbstbezogen, wie in Genesis 3 und dehnt sich schließlich durch das Selbstbewusstsein noch einmal aus, während er noch lebt, was die Rückkehr nach Eden ist. Die Form gleicht der einer Sanduhr oder der mathematischen Figur der Unendlichkeit.

Du bist jetzt bei der wichtigsten Frage zu deiner Erfahrung mit diesem Buch angelangt. Woher weißt du, ob *das Prinzip „Kein anderes"* praktisch und transformativ ist?

Der einzige Weg, dies herauszufinden, ist, es durch dein eigenes Leben zu beweisen. Du kannst dies tun, indem du dich verpflichtest, ein völlig offenes, positives Herz zu bewahren, wie wir es in der Schöpfungsgeschichte in Genesis 1 gesehen haben. Du kannst damit beginnen, allem Leben unschuldig zu dienen, woran Genesis 2 uns erinnert. Und du kannst beginnen, trügerische, wenig hilfreiche Gedanken und Äußerungen wie Moralisieren, Etikettieren und Klagen über dich selbst, andere und das Universum zu bemerken und zu reduzieren, um die in Genesis 3 beschriebene Falle der Selbstversunkenheit zu vermeiden.

Mit liebevoller Beharrlichkeit, mit Engagement und langfristiger Konsequenz im täglichen Leben wirst du selbst erfahren, dass du das Unendliche bist, wie jeder und alles. Wenn du das tust, kann ich mit ziemlicher Sicherheit sagen, dass es dich bis in die Tiefe deines Seins herausfordern wird.

Bist du bereit für die inspirierendste Reise, die ein Mensch unternehmen kann? Bist du bereit, ganz DU zu sein?

Mit dir auf dem Weg,

Richard L. Haight
10. Oktober 2021

P.S. Wenn dir dieses Buch gefallen hat, hinterlasse bitte eine Rezension dort, wo du *Der Genesis Code* gekauft hast.

THE BOOK OF GENESIS

A New Translation from the
Transparent English Bible

JAMES D. TABOR

GENESIS 2000 PRESS

Amazon-Link für Print oder Kindle:

https://www.amazon.com/dp/B08GGB8X84

Urheberrecht © 2020 von James D. Tabor

Alle Rechte vorbehalten. Genesis 2000 Presse

Kein Teil dieses Buches darf in irgendeiner Form oder mit irgendwelchen elektronischen oder mechanischen Mitteln, einschließlich Informationsspeicher- und -abrufsystemen, ohne schriftliche Genehmigung des Autors vervielfältigt werden, es sei denn, es handelt sich um kurze Zitate in einer Buchbesprechung.

Die Tabor-Übersetzung Leserhandbuch

Diese spezielle, kursive Schrift kennzeichnet Wörter, die nicht im Hebräischen vorkommen, aber für einen flüssigeren, deutschen Stil verwendet werden.

Namen oder Begriffe für Gott wie ELOHIM, YHVH oder ADONAI werden in GROßBUCHSTABEN geschrieben.

Erläuternde Fußnoten stehen unten auf der Seite und sind durch eine hochgestellte Zahl[2] gekennzeichnet.

Fett und kursiv gedruckte Wörter weisen auf eine besondere Betonung im Hebräischen hin.

Maskulin[m], Feminin[f], Singular[s], Plural[p] und der definierte[d] Artikel sind durch diese kleinen, hochgestellten Buchstaben gekennzeichnet

Die besonderen, weißen "Freiräume" kennzeichnen in den hebräischen Originalmanuskripten eine Gedankenpause oder eine Hervorhebung eines Textabschnitts.

Kapitel 3:14 Und YHVH ELOHIM sagte zu dem Nachash: "Weil du das getan hast, bist du verflucht über jedes Tier und über alles, was auf dem Feld lebt; auf deinem Bauch wirst du gehen und Staub essen, solange du lebst[8].

15 Und Hass werde ich zwischen dich und die Frau setzen und zwischen deinen Samen und ihren Samen;[1] er wird dich[2] auf den Kopf schlagen, und du wirst ihn auf die Ferse schlagen."

16 Zu der Frau sprach er: "Ich will deine Bedrängnis[3] und deine Schwangerschaft zu vielen machen; in der Bedrängnis wirst du Söhne gebären, und nach deinem Mann[4] wird dein Verlangen sein, und er wird mit[5] dir herrschen."

17 Und zu Adam[6] sagte er: "Weil du der Stimme[7] deiner Frau gehorcht hast und von dem Baum gegessen hast, von dem ich dir gebot: "Du sollst nicht davon essen", ist der Boden deinetwegen verflucht. In der Not[8] wirst du von ihm essen, solange du lebst; **18** und Dornen und Disteln wird er für dich sprießen lassen, und du wirst die Pflanzen des Feldes essen. **19** Im Schweiße deines Angesichts wirst du Brot essen, bis du zum Erdboden zurückkehrst, denn von ihm bist du genommen; denn Staub bist du, und zum Staub wirst du zurückkehren."

1 Oder "Nachkommenschaft", Heb zar'ah kann sich auf die weibliche Fortpflanzung beziehen (Gen 16:10; Lev 12:2).

2 Oder "zerschmettern".

3 Oder "Kummer", dasselbe Wort wie in V. 17b.

4 Heb 'ish.

5 D.h., in Bezug auf.

6 Heb 'adam, Bodenmensch, ohne Artikel, wahrscheinlich hier der Eigenname.

7 Lit "gehört zu".

8 Oder "Kummer", gleiches Wort wie in V. 16.

Die transparente englische
Version des Buches Genesis

(Bere'sheet)[1]

Kapitel **1:1** *Am* Anfang[f2], als ELOHIM[3] den Himmel und das Land schuf, **2** und das Land war[4] wüst und leer; und Finsternis *war* über *dem* Antlitz[P] *der* Tiefe, und der Geist[5] ELOHIMS schwebte[6] über dem Antlitz[P] der Wasser, **3** und ELOHIM sprach: „Es werde Licht"; und es wurde Licht. **4** Und ELOHIM sah das Licht, sah, dass es gut *war*; und ELOHIM schied das Licht von der Finsternis.[7] **5** Und ELOHIM nannte das Licht „Tag",[8] und die Finsternis nannte er „Nacht". Und es wurde Abend und es wurde Morgen – Tag eins.[9]

6 Und ELOHIM sprach: „Es werde eine Weite mitten in den Wassern und es werde eine Schranke von Wasser zu Wasser." **7** Und ELOHIM machte[10] die Weite, und er schied zwischen den Wassern, die unter der Weite *waren,* und zwischen den Wassern, die über der Weite *waren.* Und so geschah es. **8** Und ELOHIM rief in die Weite „Himmel". Und es wurde Abend und es wurde Morgen – Tag zwei.

9 Und ELOHIM sprach: „Lasst die Wasser unter dem Himmel an einem Ort zusammenlaufen[11] und lasst das trockene *Land* sichtbar werden." Und so geschah es. **10** Und ELOHIM nannte das trockene *Land* „Land" und die Ansammlung der Wasser nannte er „Meere". Und ELOHIM sah, dass *es* gut *war*. **11** Und ELOHIM sprach: „Lasst das Land *den* Sproß sprießen[c], eine Pflanze, die Samen sät, einen Obstbaum, der Früchte bringt[12], nach seiner Art, seinem Samen, in ihm, auf dem Land." Und so geschah es. **12** Und das Land ließ *den* Spross aufgehen[c], eine Pflanze, die Samen sät, nach ihrer Art, und ein Baum, der in seinem Innern Frucht[13] bringt, seinen Samen, nach seiner Art. Und ELOHIM sah, dass *es* gut *war*. **13** Und es wurde Abend und es wurde Morgen – Tag drei.

14 Und ELOHIM sprach: „Es sollen Lichter sein an der Weite des Himmels, die Tag und Nacht scheiden; und sie sollen Zeichen sein[14] und bestimmte Zeiten[15] und Tage und Jahre,[16] **15** und sie sollen Lichter sein an der Weite des Himmels, zu leuchten[c] auf dem Lande." Und so geschah es. **16** Und ELOHIM machte[17] die beiden großen Lichter – das große Licht zur Herrschaft über den Tag und das kleine Licht zur Herrschaft über die Nacht – und die Sterne. **17** Und ELOHIM gab sie in die Weite des Himmels, um das Land zu beleuchten[c], **18** und um über den Tag und die Nacht zu herrschen und zwischen dem Licht und der Finsternis zu unterscheiden. Und ELOHIM sah, dass *es* gut *war*. **19** Und es wurde Abend und es wurde Morgen, ein vierter Tag.

20 Und ELOHIM sprach: „Lasst die Wasser wimmeln von lebendigen Atmern[s],[18] und lasst *die* Flieger über das Land fliegen, über[p] die Weite des Himmels." **21** Und ELOHIM schuf die großen *Wassertiere*[19] und jedes lebende[d] Wesen, das sich bewegt, *mit dem* Wasser, nach ihrer Art, und jeden geflügelten Flieger, nach seiner Art. Und ELOHIM sah, dass *es* gut *war*. **22** Und ELOHIM segnete sie und sprach: „Seid fruchtbar und mehret euch und füllt die Wasser in den Meeren, und lasst die Flieger[20] sich mehren sein auf dem Land." **23** Und es wurde Abend und es wurde Morgen – Tag fünf.

24 Und ELOHIM sprach: „Lasst das Land einen lebendigen Lebensspender nach seiner Art hervorgehen[c], ein Tier und ein bewegliches Ding und ein Lebewesen des Landes nach seiner Art." Und so geschah es. **25** Und ELOHIM machte[21] das Lebendige des Landes nach seiner Art, und das Tier nach seiner Art, und alles Bewegliche des Bodens nach seiner Art. Und ELOHIM sah, dass *es* gut *war*. **26** Und ELOHIM sprach: „Lasst uns[22] Erdgeschöpfe[23] machen nach unserem Bild, nach unserem Gleichnis, und sie sollen herrschen über[24] die Fische des Meeres und über die Flieger der Lüfte und über die Tiere[s] und über das ganze Land[25] und über alles, was sich auf dem Lande regt." **27** Und ELOHIM SCHUF das Erdgeschöpf nach seinem Bilde; nach dem Bilde ELOHIMS schuf er es, als Mann und Frau schuf er sie. **28** Und ELOHIM segnete sie, und ELOHIM sprach zu ihnen: „Seid fruchtbar und mehret euch und füllt das Land und macht euch untertan und herrscht über die Fische des Meeres und über die Flieger des Himmels und über alles Lebendige, das sich auf dem Lande bewegt." **29** Und ELOHIM sprach: „Seht, ich habe euch[p] jede Pflanze gegeben, *die* auf der Fläche[p] des ganzen Landes Samen trägt, und jeden Baum[d], an dem Baumfrüchte sind, die Samen tragen[p]; sie sollen euch zum Essen *dienen*. **30** Und alles Lebendige auf dem Lande und alles, was in den Lüften fliegt, und alles, was sich auf dem Lande bewegt und in ihm lebendiger Lebensatem[26] *ist*, jede grüne Pflanze *ist* für euch essbar." Und so geschah es. **31** Und ELOHIM sah alles, was er gemacht hatte,[27] und siehe da, es *war* sehr gut. Und es wurde Abend und es wurde Morgen – Tag sechs.

Kapitel **2:1** Und der Himmel und das Land und alles, was dazugehört,[28] waren vollendet. **2** Und ELOHIM vollendete am siebten Tag sein Werk, das er getan hatte, und er hörte[29] am siebten Tag[30] auf mit all seiner Arbeit, die er getan hatte. **3** Und ELOHIM segnete den siebten Tag und heiligte ihn, weil er an ihm aufhörte mit all seinem Werk, das ELOHIM geschaffen hatte.

4 Dies *sind* die Anfänge des Himmels und des Landes[31], als sie geschaffen wurden. *Am* Tag der Erschaffung[32] von YHVH [33]ELOHIM, Land und Himmel, **5** und kein Strauch des Feldes war vorher auf dem Land, und keine Pflanze des *Feldes* hatte vorher gesprossen – denn YHVH ELOHIM hatte keinen Regen[c] auf dem Land gemacht, und es *gab* kein Bodengeschöpf, das den Boden bediente; **6** und ein Strom[34] stieg aus dem Land auf und tränkte die[c] ganze Fläche[p] des Bodens **7** und YHVH ELOHIM formte das Bodengeschöpf – Staub aus dem Boden[35] - und blies in seine beiden Nasen den Lebensatem[36p]; und das Bodengeschöpf wurde ein lebendiger Lebensatmer.[37] **8** Und YHVH ELOHIM pflanzte einen Garten in Eden,[38] im Osten; und dort setzte er das Erdgeschöpf, das er geformt hatte. **9** Und YHVH ELOHIM ließ[c] aus der Erde alle Bäume sprießen, die zum Sehen und zum Essen gut sind, und den Baum des Lebens[p] in der Mitte des Gartens und den Baum der Erkenntnis von Gut und Böse. **10** Und ein Strom geht von Eden aus, um den Garten zu tränken[c], und von dort er sich in vier Hauptarme. **11** Der Name des einen *ist* Pishon;[39] er fließt um das ganze Land Havila herum, und dort findet man Gold[d], **12** und das Gold dieses Landes *ist* gut; es *gibt* Bdellium und den Onyxstein. **13** Der zweite Strom *heißt* Gihon; [40]er fließt um das ganze Land Kusch.[41] **14** Und der dritte Strom *heißt* Hiddekel;[42] er fließt östlich von Assyrien. Und der vierte Strom – er *heißt* Euphrat.[43] **15** Und YHVH ELOHIM nahm das Bodengeschöpf und ließ es im Garten Eden ruhen[c], um ihn zu bebauen und zu bewachen. **16** Und YHVH ELOHIM *gebot* dem Erdgeschöpf und sprach: „Von jedem Baum des Gartens sollst du essen![44] **17** Aber von dem Baum der Erkenntnis des Guten und Bösen sollst du nicht essen; denn an dem Tag, an dem du davon isst, wirst du sterben!"[45] **18** Und YHVH

ELOHIM sprach: „Es ist nicht gut, dass das Bodengeschöpf allein ist, ich will ihm eine Hilfe machen[46], die ihm entspricht."[47] **19** Und YHVH ELOHIM formte aus dem Erdreich alles Lebendige des Feldes und alles Fliegende des Himmels und ließ es[c] zu dem Erdgeschöpf kommen, um zu sehen, was es ihm zurufen würde; und was immer das Erdgeschöpf ihm zurufen würde – jedes lebende Wesen – das *war* sein Name. **20** Und das Bodengeschöpf rief Namen zu jedem Tier und zu den Fliegern des Himmels und zu jedem Lebewesen des Feldes; und er fand keine Hilfe für das *Bodengeschöpf*[48], die ihm entsprach.[49] **21** Und YHVH ELOHIM ließ einen tiefen Schlaf auf das Bodengeschöpf fallen[c], und es schlief; und er nahm eine seiner Rippen und schloss die Stelle mit Fleisch. **22** Und YHVH ELOHIM baute die Seite, die er von dem Erdgeschöpf genommen hatte, zu einer Frau, und er ließ sie zu dem Erdgeschöpf kommen[c]. **23** Und das Bodengeschöpf sagte: „Diese hier – Knochen von meinem Gebein und Fleisch von meinem Fleisch! Sie wird Frau[50] genannt werden, weil sie von einem Mann[51] genommen wurde." **24** Darum wird ein Mann[52] seinen Vater und seine Mutter verlassen und sich[53] mit seiner Frau verbinden und sie werden ein Fleisch werden. **25** Und die *beiden* waren nackt,[54] das Bodengeschöpf und seine Frau, und sie schämten sich nicht. Kapitel **3:1** Und der Nachasch[55] war klug[56]– von[57] allen Lebewesen des Feldes, die YHVH ELOHIM gemacht hat.[58] Und er sagte zu der Frau: „Hat ELOHIM wirklich gesagt: 'Du[p] darfst von keinem Baum des Gartens essen'?" **2** Und die Frau sagte zum Nachasch: „Von den Früchten der Bäume[s] des Gartens dürfen wir essen; **3** aber von den Früchten des Baumes, der in der Mitte des Gartens steht, hat ELOHIM gesagt: 'Du[p] sollst nicht davon essen, und du sollst ihn nicht anrühren, damit du nicht stirbst.'" **4** Und der Nachasch sagte zu der Frau: „Sterben – du[p] wirst *sicher* nicht sterben![59] **5** Denn ELOHIM weiß, dass an dem

Tag, an dem du[p] davon isst, deine Augen geöffnet werden, und du[p] wirst sein wie ELOHIM, der weiß,[p] was gut und böse ist." **6** Und die Frau sah, dass der Baum gut *war*, um zu essen, und dass er eine Lust für die Augen *war, und* dass der Baum begehrenswert *war*, um Einsicht zu geben[c], und sie nahm von seinen Früchten und aß; und sie gab auch ihrem Mann[60], der bei ihr war, und er aß. **7** Und die Augen der beiden wurden aufgetan, und sie erkannten, dass sie nackt *waren*; und sie nähten Blätter[s] von einem Feigenbaum und machten[61] sich Lendenschurze. **8** Und sie hörten die Stimme[62] YHVH ELOHIMS, der im Wind[63] des Tages im Garten umherging[64], und das Erdgeschöpf verbarg sich [c]– und sein Weib – vor dem Angesicht[p] YHVH ELOHIMS zwischen den Bäumen[s] im Garten. **9** Und YHWH ELOHIM rief dem *Erdgeschöpf* zu und sagte zu ihm: „Wo *bist* du?" **10** Und er sprach: „Deine Stimme [65]hörte ich im Garten, und ich fürchtete mich, denn ich *war* nackt; darum versteckte ich mich." **11** Und er sagte: „Wer hat dir gesagt, dass du nackt *bist*? Hast du von dem Baum gegessen, von dem ich dir gebot, nicht von ihm zu essen?" **12** Und das Bodenwesen sagte: „Die Frau, die du mir gegeben hast, *um* mit mir zusammen *zu sein* – sie hat mir von dem Baum gegeben, und ich habe gegessen." **13** Und YHVH ELOHIM sprach zu der Frau: „Was *ist* das, was du getan hast?" Und die Frau sagte: „Der Nachasch hat mich verführt, und ich habe gegessen." **14** Und YHVH ELOHIM sagte zu dem Nachasch: „Weil du das getan hast, *bist* du verflucht über jedes Tier und über jedes Lebewesen des Feldes; auf deinem Bauch wirst du wandeln, und Staub wirst du essen, solange du lebst[p]. **15** Und ich will Feindschaft setzen zwischen dir und der Frau und zwischen deinem Samen und ihrem Samen;[66] *er* soll [67]dich auf *den* Kopf schlagen, und *du* sollst ihn auf *die* Ferse schlagen."   **16** Zu der Frau sagte er: „Ich will dir viel Mühsal machen, wenn du schwanger wirst[c]![68] – Deine Mühsal[69] und deine

Schwangerschaft; unter Mühen wirst du Söhne gebären, und nach deinem Mann[70] *wird* dein Verlangen *sein*, und *er* wird dein Herr sein."[71] **17** Und zum *Bodengeschöpf*[72] sagte er: „Weil du auf [73]die Stimme deines Weibes gehört hast und von dem Baum gegessen hast, von dem ich dir gebot: 'Du sollst nicht davon essen', *ist* der Boden deinetwegen verflucht. Verflucht ist der Boden um deinetwillen, denn[74] du wirst von ihm essen, solange du lebst[P], **18** und er wird dir Dornen und Disteln wachsen lassen, und du wirst die Pflanzen des Feldes essen. **19** Im Schweiße deines Angesichts wirst du Brot essen, bis du zum Erdboden zurückkehrst, denn von ihm bist du genommen; denn Staub *bist* du, und zum Staub wirst du zurückkehren." **20** Und das Erdgeschöpf nannte den Namen seiner Frau Eva,[75] denn *sie* war die Mutter aller Lebenden. **21** Und YHVH ELOHIM machte[76] für das *Bodengeschöpf* [77]und seine Frau Kleider aus Fellen und er kleidete sie.

22 Und YHVH ELOHIM sprach: „Siehe, das Bodengeschöpf ist uns gleich geworden,[78] es weiß, was gut und böse ist; und nun, damit es nicht seine Hand ausstrecke und auch von dem Baum des Lebens nehme[P] und esse und ewig lebe... !"[79]– **23** Und YHVH ELOHIM sandte[80] ihn aus dem Garten Eden, um den Boden zu bearbeiten, von dem er genommen war. **24** Und er trieb[81] das Bodengeschöpf aus und ließ es wohnen[c] im Osten des Gartens Eden die Cherubim und die Flamme des Schwertes, das sich drehte, um den Weg des Baumes des Lebens zu bewachen[P].

1.	Die Bücher der hebräischen Bibel sind nach ihren Anfangsworten benannt: hier *Bere'sheet*, was „Am Anfang von..." bedeutet.
2.	Lit „An *der* Spitze von", Heb *Bere'sheet* in dieser grammatikalischen Konstruktion ist eine zeitliche Phrase, die bedeutet: „Wenn am Anfang ...", siehe Jer 26:1, wo die gleiche Form vorkommt. Sie stellt den „Zustand der Dinge" dar, wenn die schöpferische Tätigkeit beginnt.
3.	ELOHIM ist ein Substantiv im Plural, fungiert aber oft als kollektiver

Singular, der ein singuläres Verb voraussetzt. Es ist verwandt mit den hebräischen Begriffen: *'eloah* und *'el*, was Gott, Gott, Macht oder Mächtiger bedeutet, und kann sich auf Richter und Führer, himmlische Wesen, die Götter der Völker oder den einen Gott Israels beziehen.

4.   Oder „wurde".

5.   Heb *ruach*, wörtlich „Wind", siehe Gen 7:1.

6.   D.h. „flattern" oder „zittern", siehe Dtn 32,11; Jer 23,9, die einzigen beiden anderen Stellen, an denen dieses Verb verwendet wird, immer in einer Intensivform (Piel).

7.   D.h. das Licht von der Finsternis getrennt.

8.   EUS „tagsüber".

9.   Diese Absatzumbrüche sowie die kleineren „Leerzeichen" (siehe Gen 3,16-17) sind dem hebräischen Text entnommen und werden in dieser Übersetzung genau wiedergegeben, wie in der Einleitung erläutert.

10.   Oder „hat".

11.   EUS „eine Versammlung", was eine Alliteration mit dem Verb „versammelt" ergibt.

12.   Oder „tun".

13.   Oder „tun".

14.   EUS „und sie waren"; diese Lesart scheint die Möglichkeit zu unterstützen, dass das direkte Zitat nach „...zwischen der Nacht" endet, wie einige Übersetzer vorgeschlagen haben.

15.   Heb *mo'adim*, „festgelegte Zeiten", ob astronomisch, göttlich oder menschlich.

16.   EUS „seit Jahren".

17.   Oder „hat".

18.   Heb *nephesh chayyah*, bezieht sich auf atmendes Leben aller Art; derselbe Begriff wird in 1,24 für Landtiere und in 2,7 für Menschen verwendet.

19.   Heb *tanin*, bezieht sich auf jede wilde, monsterartige Kreatur, gewöhnlich im Meer oder in Flüssen. Siehe Gen 1:21; Exo 7:9; Psa 91:13; Jes 27:1; Hes 29:3

20.   EUS „das fliegende Ding wird im Überfluss vorhanden sein".

21.   Oder „hat".

22.   Oder „tun".

23.   Heb *'adam*, von *'adamah*, „Erde", oder „rote Erde".

24.   D.h., in Bezug auf, hier und V. 28.

25.   Syrisch „über alle Tiere des Landes".

26.   Heb *nephesh chayyah*, verwendet für Menschen in Gen 2:7.

27.   Oder „fertig".

28.   Oder „Heer", Heb *tzava'*, bezieht sich auf eine Versammlung oder ein Aufgebot.

29.   Heb *schavat*, oder „geruht", im Sinne von innehalten.

30.   LXX, Syrisch und SP lesen hier „sechster Tag".

31.   Die Genesis hat zehn Abschnitte, die jeweils mit dem Satz „Das *sind* die

Vorfahren von..." beginnen und in dieser Übersetzung durch **Fettdruck** gekennzeichnet sind.

32. Lit „tun".

33. Name des Gottes Israels יהוה (Tetragrammaton), traditionell Yahveh oder Yehovah; in den meisten englischen Versionen mit HERR übersetzt, hier aber als vier Buchstaben ohne Vokale belassen.

34. Oder „Nebel", Bedeutung ungewiss, nur hier und in Hiob 36:27 verwendet.

35. Heb *'adamah*, wovon der Begriff „*Bodenwesen*" (*'adam*) abgeleitet ist.

36. Heb *nishamah*, vgl. Gen 7,15.22, wo ein anderer Begriff verwendet wird.

37. Heb *nephesh chayyah*, derselbe Begriff wie in 1:20,21,24, bezieht sich auf atmendes Leben jeder Art, ob Tier oder Mensch. Die englische Standardübersetzung „Seele" ist daher irreführend.

38. Name eines Ortes oder einer Region mit der Bedeutung „Vergnügen" oder „Glückseligkeit".

39. Möglicherweise vom Verb *schieben*, „springen", „sich ausbreiten".

40. Das bedeutet: „heraussprudeln".

41. Ungewiss, vielleicht die Länder des südlichen Nils.

42. Die Bedeutung ist unklar; in der LXX steht Tigris.

43. Heb *Pherat*, „Fruchtbarkeit".

44. Die doppelte Verwendung des Verbs zeigt die Betonung an.

45. Die doppelte Verwendung des Verbs zeigt die Betonung an.

46. Oder „tun".

47. D.h. einer, der ihm gegenübersteht, vor ihm oder ihm gegenüber, als sein entsprechendes Gegenstück.

48. Heb *'adam*, „*Bodenwesen*", ohne den Artikel, den manche für den Eigennamen „Adam" gehalten haben.

49. Siehe Anmerkung zu V. 18.

50. Heb *'ishah*.

51. Heb *'ish*.

52. Heb *'ish*.

53. D.h., anhaften, wie beim Löten.

54. Heb *'arumim*, Wortspiel mit „scharfsinnig" im folgenden Vers.

55. Heb *nachash*, gewöhnlich eine Schlange, aber es kann sich auch auf ein Meerestier beziehen (Amos 9:3; Jes 27:1), wobei die Wurzel „glänzen" (wie Messing) oder „zischen" wie in der Verzauberung bedeutet.

56. Heb *'arum*, siehe vorheriger Vers; „nackt" kommt von der gleichen Wurzel und bedeutet „glatt" oder „glitschig".

57. D.h. geschickter im Gegensatz zu ("weg von") jedem anderen.

58. Oder „hat".

59. Die doppelte Verwendung des Verbs zeigt die Betonung an.

60. Heb *'ish*.

61. Oder „für sich selbst getan".

62. D.h., Klang; im Hebräischen wird „Stimme" als Metapher für alle Arten

von Klängen verwendet.

63.   D.h., eine Brise.

64.   Diese Form des Verbs hat eine iterative Bedeutung, also „hin und her gehen".

65.   D.h., Klang, im Hebräischen wird „Stimme" als Metapher für alle Arten von Klängen verwendet.

66.   Oder „Nachkommenschaft": Heb *zera'* bezieht sich normalerweise auf den männlichen „Samen", kann sich aber auch auf die weibliche Fortpflanzung beziehen (Gen 16,10; Lev 12,2).

67.   Oder „blauer Fleck".

68.   Die doppelte Verwendung des Verbs zeigt die Betonung an.

69.   Oder „Kummer", dasselbe Wort wie in V. 17b.

70.   Heb *'ish.*

71.   D.h. in Bezug auf; vgl. Gen 4,7, wo derselbe Ausdruck verwendet wird.

72.   Heb *'adam,* „*Bodengeschöpf*", ohne Artikel, wahrscheinlich der Eigenname „Adam".

73.   Lit „gehört zu".

74.   Oder „Kummer", „Mühsal", dasselbe Wort wie in V. 16.

75.   Heb *chavah,* was „lebendig" bedeutet.

76.   Oder „hat".

77.   [1]Heb *'adam,* „*Bodengeschöpf*", ohne Artikel, wahrscheinlich der Eigenname „Adam".

78.   Oder „von ihm", das Pronomen kann hier „wir" oder „er" bedeuten.

79.   D.h., ständig; hebräische Redewendung, die sich auf eine unbestimmte Zeit in der Zukunft oder in der Vergangenheit bezieht. Der Satz ist unvollständig und bricht ab, ohne den Gedanken zu Ende zu führen.

80.   Intensive Form des Verbs (Piel)

81.   Intensive Form des Verbs (Piel).

Das Buch Genesis Amazon Link für Print oder Kindle:

https://www.amazon.com/dp/B08GGB8X8

Anhang

Hilfreiche Praktiken

Kapitel 9 - Lobpreis praktizieren

Bitte nimm dir einen Moment Zeit, um dir das Ziel jedes Lobes vorzustellen und lies dann das Lob laut vor, während du die Schwingungen der Worte spürst und sie in Richtung des beabsichtigten Ziels ausgesprochen werden.

Die beste Wirkung erzielst du, wenn du das intellektuelle Denken erst einmal beiseite lässt. Visualisiere einfach und fühle den Körper, während du die Worte mit Absicht sprichst. Die Worte ohne die Visualisierung und das Gefühl werden uns niemals ans Ziel bringen.

1. Licht – „Und Gott sieht das Licht, dass *es* Gott *ist*"
2. Land und Meere – „Und Gott sieht, dass *es* Gott *ist*"
3. Pflanzen und Bäume – „Und Gott sieht, dass *es* Gott *ist*"
4. Sonne, Mond, Sterne – „Und Gott sieht, dass *es* Gott *ist*"
5. Wasserlebewesen und Flieger – „Und Gott sieht, dass *es* Gott *ist*"

6. Landlebewesen – „Und Gott sieht, dass *es* Gott *ist*"

7. Alles, was ist – „Und Gott sieht alles, was ist, und siehe da, es *ist* Gott in höchstem Maße."

Sieh in den Spiegel und während du deinen ganzen Körper spürst, wiederhole und fühle: „Und Gott sieht, dass ich Gott bin."

Übung und ein leichtes Dehnen, um Spannungen zu lösen, helfen dabei, ungünstige Urteile und Trennungsgefühle im Unterbewusstsein aufzulösen.

Sieh dich nun um. Zu jedem und allem, was du siehst, wiederhole mit Gefühl: „Und Gott sieht, dass es ganz, ganz nahtlos Gott ist."

Kapitel 10 - Dich kümmern

Denke über dein Leben nach. Gibt es etwas, das du tust oder getan hast, das sich wie echte Fürsorge anfühlt? Es wäre ein Akt des Dienens auf liebevolle Weise, der dir auf der Ebene des Egos keinen Vorteil verschafft. Was wir meinen, ist eine Gemeinschaft, in der jedem gedient wird, auch dir, ohne dass du das Gefühl hast, selbstbezogen oder mitabhängig zu sein. Was immer du tust, das dieser Definition entspricht, ist eine Aktivität, die mit deiner wahren Natur, dem Unendlichen in dir, im Einklang steht. Was auch immer diese Tätigkeit ist, sie kommt jedem und allem in irgendeiner Weise zugute. Du könntest dir erlauben, mehr davon zu tun.

Künstlerische, kreative und inspirierende Aktivitäten gehören in die Kategorie der Fürsorge, denn sie nähren die Seele. Sie sind fürsorglich, solange du unschuldig, freudig und mit deinem ganzen Wesen daran teilnimmst und sie mit offenem Herzen teilst, ohne dich darum zu sorgen, wie du beurteilt werden könntest. Bekannt zu werden oder Geld für die Produkte dieser nährenden

Aktivitäten anzunehmen, ist in Ordnung, solange Ansehen und Reichtum nicht die primären Motivationskräfte sind.

Kapitel 11 - Verringerung der Gewohnheit, moralisch zu urteilen

Verbringe jeden Tag einige Zeit damit, dir die Momente des Tages zu vergegenwärtigen, in denen du deinen eigenen Wert oder den einer anderen Person gemessen oder beurteilt hast. Achte darauf, wann du Scham, Schuldgefühle oder Arroganz empfunden hast. Lasse diese Gefühle los, denn sie sind nicht hilfreich.

Anstatt dich selbst mit unwirksamen Energien wie moralischen Urteilen zu geißeln und das Leiden von Adam und Eva fortzusetzen, überlege einfach, was du in deinem Leben bevorzugen würdest, wenn du dich selbst wirklich lieben würdest und so vollständig wie möglich wärst. Würdest du das Verhalten, für das du dich und andere verurteilst, fortsetzen wollen? Wenn nicht, dann tu weniger davon und ein bisschen mehr von dem, was dich in eine gesunde Richtung führt.

Indem du dein moralisches Urteil reduzierst, weniger von dem tust, was für dein langfristiges Wohl ungesund ist und mehr von dem, was gesund ist, unterstützt dein Beispiel andere dabei, gesunde Veränderungen vorzunehmen und frei von moralischem Urteil zu sein. Mit täglicher Beharrlichkeit kann diese Praxis zu enormer innerer Klarheit und Befreiung führen. Und denke daran: Eine Erbsünde gibt es nicht und hat es auch nie gegeben.

Kapitel 13 - Übung „Lebendige Stille"

Wenn du in deinem Alltag lebendige Stille praktizierst, kannst du ein Gefühl für den allgegenwärtigen Augenblick entwickeln. Dies hat das Potenzial, dein Leben grundlegend zu verändern. Der Schlüssel liegt darin, innezuhalten, um die lebendige Präsenz des Augenblicks zu erfahren und zu erkennen, was dich daran hindert, dich ganz auf diese Erfahrung einzulassen. Wenn du daran arbeitest, die Blockaden zu beseitigen, während du lebendige Stille praktizierst, wird die Erfahrung mit der Zeit immer zugänglicher. Schließlich wird dein Leben zur bewussten Verkörperung der lebendigen Gegenwart.

Kapitel 13 - Vereinheitlichende Lichtübung

Nimm dir jeden Tag ein paar Minuten Zeit für diese einfache Visualisierungsübung. Mache es dir bequem und schließe die Augen. Stelle dir vor, dass unter oder hinter deiner Wahrnehmung der Welt ein strahlend weißes Licht alles in bedingungsloser Liebe vereint.

Denke nicht zu viel über diese Übung nach. Bemühe dich nicht, diese Übung zu analysieren oder in eine Philosophie oder Ideologie zu verwandeln. Erlaube dir stattdessen, während dieser Übung unschuldig wie ein kleines Kind zu sein. Stelle dir vor, dass das gesamte Universum von einer warmen, umarmenden Liebe erstrahlt. Stelle dir vor, dass auch dein Körper von diesem Licht durchdrungen ist. Lass alle Urteile über dich selbst, deinen Körper, andere (einschließlich deiner Feinde) und das Universum los. Sei jeden Tag für ein paar Minuten so weit wie möglich in der Liebe.

Mit etwas Übung kannst du dies auch mit offenen Augen tun, aber für die meisten Menschen ist es einfacher, mit geschlossenen Augen zu beginnen. Du kannst es jeden Tag auf beide Arten versuchen, um dein Gehirn zu trainieren, mit dieser Übung flexibel umzugehen.

Kapitel 14 - Dich von Etiketten befreien

Eine gesunde Übung, die du im Laufe des Tages aktiv anwenden kannst, ist es, zu bemerken, wann du dich selbst als dieses oder jenes einstufst. Am offensichtlichsten sind solche Bezeichnungen, wenn du dich selbst als „gut" oder „schlecht" bezeichnest. Aber jedes Etikett, mit dem du dich identifizierst, wie z. B. deine Berufsbezeichnung, deine soziale oder wirtschaftliche Stellung, deine Würdigkeit usw., verdient Aufmerksamkeit. Genauso wichtig ist es, dass du feststellst, dass du dich gegen alle Etiketten wehrst, mit denen du dich stark identifizierst, wie z. B. „Ich bin kein Lügner" oder „Ich bin nicht geizig". Die Beibehaltung solcher Etiketten kann sehr einschränkend sein und eine gesunde Verbesserung des Lebens verhindern.

Du kannst auch darauf achten, wann du andere in eine Schublade steckst. Das kann sehr schnell passieren. Wenn wir glauben, dass andere die Etiketten repräsentieren, die wir ihnen im Geiste angeheftet haben, wird es für diese Menschen sehr schwierig, sich davon zu befreien, ohne die Beziehung zu beenden. Befreie sie davon, indem du den Etiketten nicht glaubst. In deinem Herzen könntest du sogar die Etiketten, die sie auf sich selbst anwenden, ablehnen.

Das Ziel dieser Übung ist es, im Laufe des Tages nach und nach mit deiner essenziellen, unbestimmten Natur in Kontakt zu kommen. Wenn du bemerkst, dass ein Etikett in deinem Kopf auftaucht, nimm es zur Kenntnis und erinnere dich daran, dass du im Grunde genommen *nichts* Bestimmtes bist. Gönne dir einen Moment, um zu spüren, was es heißt, ohne jeden Gedanken zu sein. Selbst ein paar Sekunden hier und da helfen.

Kapitel 15 - Praxis der „Wahren Worte"

Dies ist eine grundlegende Praxis, die sich eine andere Bedeutung des Verstehens zunutze macht, nämlich „wahre Worte". Ein Großteil unserer inneren Disharmonie entsteht einfach dadurch, dass wir uns selbst und anderen gegenüber unehrlich sind. „Wahre Worte" zu praktizieren bedeutet, dass wir unsere Worte und unser Denken so anpassen, dass wir in unserem Herzen mehr im Einklang und wahrhaftig sind.

Um ehrlich zu sein, scheint es viel einfacher zu sein, zu erkennen, wann wir nicht wahrhaftig sind, als wenn wir wahrhaftig sind, denn die Wahrheit lässt sich nur schwer festmachen. Achte also bei dieser Übung auf alle Gedanken und die Sprache, die du verwendest, die nicht mit dem übereinstimmen, was du denken und sagen würdest, wenn du die Fülle deines Wesens wirklich lieben, ihm vertrauen und es unterstützen würdest.

Hier ist eine kurze Liste von Gedanken und Äußerungen, die uns vom vollumfänglichen Ausdruck unserer wahren Natur wegführen:

Angeberei

Angenommene Motivationen

Arglist

Aufmerksamkeit suchen

Dein Wort brechen

Emotionale Manipulation

Feige Ja-Sager

Gehässigkeit

Gewissheit

Hass auf

Herrschsüchtig

Ich hab's ja gesagt

Identifikation mit der Ideologie

Klatsch und Tratsch

Minimierung der Verantwortung

Ressentiments

Schmeichelei

Schnüffeln

Schnüffelei

Selbstverherrlichung

Selbstabwertung (gewohnheitsmäßig)

Selbstviktimisierung

Sich der Verantwortung entziehen

Soziale Positionierung

Ungezwungene Versprechen

Unnötige Notlügen

Unpünktlichkeit (gewohnheitsmäßig)

Unwirksame Beschwerde

Vernachlässigung

Verurteilung

Wünsche rationalisieren

Zulassung beantragt

Glossar der Begriffe

Eden Synonym für das Himmelreich; Paradies

Elohim Der Plural von El, was Gottheit bedeutet. Elohim wird als der Schöpfer des Universums angesehen, wie in Genesis 1 beschrieben. Siehe Universeller Geist.

Reines Bewusstsein Die unveränderliche Grundlage der Wahrnehmung, die den Kern von allem, was ist, bildet. Bezieht sich auf YHVH in diesem Werk.

Logos Griechisch für „wahre Worte"; im Christentum auch ein Synonym für den Heiligen Geist.

Selbstversunkenheit Völlig in der eigenen Perspektive, dem eigenen Bild und der eigenen Lebensgeschichte gefangen sein.

Selbstbewusstsein Vorausschauend und in der Annahme, dass einem bewusst ist, wie andere einen sehen.

Der Code Die Karte der Genesis, die das Prinzip und den Weg aufzeigt, den die Menschen gehen müssen, um zur Harmonie zurückzukehren.

Der Heilige Geist Die Schwingung des Universums.

Das Unendliche Ein allgemeiner Begriff, der alle Aspekte dessen umfasst, was man als Gott bezeichnen könnte.

Das Himmelreich Synonym für den Garten Eden, das Paradies.

Das Prinzip Das leitende Prinzip des reinen Bewusstseins; es gibt *kein anderes.*

Der Satan Das Hindernis, der Richter, der Ankläger, der Betrüger.

Die Schlange Der Geist der Selbstverliebtheit in jedem von uns.

Der Baum des Lebens Räumliches Bewusstsein, Gefühl, Vertrauen, Einfühlungsvermögen, ganzheitliche Sichtweise.

Der Baum der Erkenntnis von Gut und Böse Selbstbewusstsein, Wunsch nach Gewissheit, Wissen, kurzsichtige Perspektive, Selbstidentität, moralisches Urteil.

Der Betrachter Ein allgemeiner Begriff, der alle Aspekte dessen umfasst, was als Gott bezeichnet werden kann.

Das Wort Gottes ist gleichbedeutend mit dem Heiligen Geist.

Tetragrammaton Das hebräische Wort mit vier Buchstaben יהוה, das in der Regel mit YHWH, YHVH oder JHVH übersetzt wird und den Gott Israels bezeichnet.

Torus Eine geometrische Form wie ein Ring oder ein Donut mit einem Loch.

Tori Plural für Torus.

Universeller Geist Der Aspekt des Betrachters, der die hologrammartige Erfahrung des Universums erzeugt. Bezieht sich in diesem Werk auf die Elohim.

YHVH Das Tetragrammaton, das aus vier Buchstaben bestehende hebräische Wort יהוה, bezeichnet gewöhnlich den Gott Israels.

Danksagungen

Zunächst möchte ich Barbara Becker und Linda LaTores meine aufrichtige Anerkennung für ihre Unterstützung bei der Recherche während dieses Projekts aussprechen.

Ich möchte auch Mark Lyon, Irene Critchley und Kathleen Kellaigh sowie Barbara Becker und Linda LaTores für die Zeit und Mühe danken, die sie in die Verbesserung des Textes investiert haben. Ihre Vorschläge, Fragen und ihr Blick für grammatikalische Fauxpas haben dieses Buch erheblich verbessert.

Ich danke Ted Noble, Jenn Coelho, Lisa Williams, Phillip Garver und Chris Robertson für ihr Feedback zum endgültigen Entwurf des Manuskripts.

Ich möchte meiner Lektorin Hester Lee Furey meinen tiefsten Dank aussprechen für die hervorragende Arbeit, die sie leistet. Die Zusammenarbeit mit Lee war eine Ehre. Auch Oriana Gatta, deren Korrekturlesen und inhaltliche Vorschläge das Buch auf die nächste Stufe gehoben haben, bin ich zu großem Dank verpflichtet.

Ich bin Professor James D. Tabor sehr dankbar für seine großzügige Unterstützung. Ich habe Dr. Tabor um die Erlaubnis gebeten, die gesamten Kapitel 1-3 seiner neuen transparenten englischen Bibelübersetzung des *Buches Genesis* zu verwenden, die er mir auch prompt erteilte. Dr. Tabor übertraf meine Hoffnungen und schickte mir sogar die Originalmanuskriptdateien, damit ich den Inhalt vollständig kopieren und einfügen konnte, um alles im Kontext zu halten. Die Übersetzung von James D. Tabor ist atemberaubend. Wenn du eine englischsprachige Übersetzung suchst, die das Wesentliche des hebräischen Originals einfängt, dann suche nicht weiter.

Ich danke The Brother's Reed dafür, dass sie dieses Buch mit ihrem wunderbar tiefgründigen und gefühlvoll berührenden Song „Irish Hymn" unterstützt haben. The Brother's Reed ist eine nationale Band mit echtem Herz, Kreativität und Talent. Ich wünsche ihnen das Beste für ihre Musik und ihre Liebe.

Schließlich danke ich jenen alten, namenlosen Menschen, die sich von Generation zu Generation darum bemühten, die Geschichten, die wir als das Buch Genesis kennen, ernsthaft weiterzugeben. Ohne ihre Bemühungen gäbe es keine Aufzeichnungen über den Weg zur inneren Freiheit, den sie so sorgfältig beschützt haben.

Vorschau auf die Krieger-Meditation

Die Krieger-Meditation, 2020 Goldgewinner des Readers' Favorite Awards, lehrt die ursprüngliche, instinktive, nicht-religiöse Form der Meditation, die für die Welt so gut wie verloren ist. Richard L. Haight, Ausbilder von vier Samurai-Künsten, lüftet das bestgehütete Geheimnis der Welt um Selbstverbesserung, kognitive Entwicklung und Stressabbau.

Du fragst dich vielleicht, inwiefern die Erfahrung der Samurai Ähnlichkeit mit deinem modernen Leben aufweist. Genau wie der Samurai brauchen wir eine Meditation, die es uns erlaubt, unsere Handlungen in einer schnelllebigen Welt mit hohem Druck aus einer Tiefe des Bewusstseins heraus zu vollziehen. Die Krieger-Meditation hilft dir, auf natürliche Weise Zugang zu dieser Tiefe zu finden und dich aus ihr heraus auszudrücken.

Die Krieger-Meditation ist flexibel anwendbar, sodass sie sich in jeden Tagesablauf einfügen lässt. Durch kurze, tägliche Sitzungen erschließen sich dir die vielen wissenschaftlich nachgewiesenen kognitiven und körperlichen Vorteile der täglichen Meditation. Du musst dich nicht mehr aus dem Leben zurückziehen, um zu meditieren, denn mit der *Krieger-Meditation* kannst du Ruhe, klares Bewusstsein und pulsierendes Leben mitnehmen, wo immer du bist. Schließlich wirst du die Meditation vollständig als eine Art des Seins verkörpern, nicht nur als eine Art des Tuns.

Unerschütterliche Bewusstheit Vorschau

Unerschütterliche Bewussheit, 2021 Goldgewinner des Readers' Favorite Awards, lehrt, wie man präsent, klar und ruhig bleibt, wenn man unvorhersehbaren Lebensereignissen gegenübersteht. Es bietet ein Rezept für geerdete Präsenz für die herausfordernden Phasen des Lebens.

Durch *Unerschütterliche Bewusstheit* erhältst du Zugang zu meditativem Gewahrsein unter unvollkommenen Bedingungen – mit offenen Augen während deines aktiven, täglichen Lebens. Sobald du den Dreh raus hast, wird sich deine Fähigkeit, tiefe meditative Klarheit durch Aktivitäten und Belastungen aller Art hindurch zu erlangen und aufrechtzuerhalten, erheblich verbessern, ebenso wie die Qualität deines Lebens. Unabhängig von deinem Hintergrund oder deiner Erfahrung wirst du über deine schnellen Fortschritte erstaunt sein, wenn du die Herausforderungen mit einer positiven Einstellung angehst.

Während deiner Ausbildung wirst du ein leistungsfähiges System zur Fortschrittsbeurteilung nutzen, das auf alten, verlorenen

Weisheiten beruht. Du erhältst täglich klares Feedback zu deinen Fortschritten, das dich dazu inspiriert, dich noch größeren Herausforderungen zu stellen und weitere Bewusstseinsmöglichkeiten und gesundheitliche Vorteile zu realisieren. Ein herunterladbares Arbeitsbuch mit Schritt-für-Schritt-Anleitung und ein Trainingsplan helfen dir, auf dem richtigen Weg zu bleiben.

Über den Autor

Richard L. Haight ist der dreifach preisgekrönte Autor von *Die Krieger-Meditation, Unerschütterliche Bewusstheit* und *The Unbound Soul* und ein fortgeschrittener Ausbilder für Kampf-, Meditations- und Heilkünste. Richard begann im Alter von 12 Jahren mit dem formalen Training der Kampfkünste und zog im Alter von 24 Jahren nach Japan, um seine Ausbildung bei Meistern des Schwertes, des Stabes und des Aiki-jujutsu zu vertiefen.

Haight lebte und trainierte 15 Jahre lang in Japan, wo er Englisch als Fremdsprache in der Mittelstufe unterrichtete. Dort heiratete er seine Frau Teruko und erhielt Lehrlizenzen in vier Samurai-Künsten und einer Therapiekunst namens Sotai-ho.

Durch seine flexiblen, höchst praktischen Lehren trägt Richard Haight dazu bei, eine weltweite Bewegung für persönliche Transformation zu entfachen, die frei von allen Zwängen und offen für jeden auf jedem Niveau ist. Richard Haight lebt und lehrt heute in Süd-Oregon, USA.

Kontakt

Hier sind einige Möglichkeiten, sich mit den Lehren von Richard Haight zu verbinden:

- E-Mail: contact@richardlhaight.com
- Website: https://richardlhaight.com
- Einmonatiger Anfängerkurs in Meditation: https://richardlhaight.com/services
- Veröffentlichung von Mitteilungen: https://richardlhaight.com/notifications
- YouTube: Werkzeuge des spirituellen Erwachens mit Richard L. Haight
- Facebook: https://facebook.com/richardlhaightauthor

Tägliches Training für geführte Meditation mit Richard Haight

Der Genesis-Code enthält viele Übungen, die dabei helfen, bewusst in das metaphorische Eden zurückzukehren. Die tägliche Anwendung ist der Schlüssel. Als Teil meines eigenen Weges teile ich eine Form der Meditation, die bei der Verkörperung des *Prinzips* hilft. Ich nenne diese Praxis Total Embodiment Meditation (TEM). Wir üben jeden Tag 15 Minuten lang und es macht einen großen Unterschied.

Wenn du dich mir in der Praxis dieser Meditation anschließen möchtest, kannst du eine 30-tägige Testversion meiner täglichen, geführten TEM-Meditation erhalten. Tausende von Menschen praktizieren sie jeden Tag. Ich hoffe, dich dort zu sehen!

(Gesprochen auf Englisch)

Infos: https://richardlhaight.com/services

www.ingramcontent.com/pod-product-compliance
Lightning Source LLC
Chambersburg PA
CBHW051057050726
47592CB00002B/572